Jean Ziegler / Uriel da Costa
Marx, wir brauchen Dich

Jean Ziegler
Uriel da Costa

Marx,
wir brauchen Dich

Warum man die Welt
verändern muß

Mit einem Vorwort
zur deutschen Ausgabe

Aus dem Französischen von
Inge Leipold

Piper
München Zürich

Die Originalausgabe erschien 1991 unter dem Titel
»À demain, Karl.
Pour sortir de la fin des idéologies«
bei Éditions Régine Deforges, Paris
Die als Motti verwendeten Zitate Bert Brechts
sind entnommen aus:
Bert Brecht, Die Stücke in einem Band,
Frankfurt 1978
(© Suhrkamp Verlag, Frankfurt/Main)

ISBN 3-492-03548-5
© Éditions Régine Deforges, Paris 1991
Deutsche Ausgabe:
© R. Piper GmbH & Co. KG, München 1992
Umschlag: Federico Luci
Foto: Éditions Régine Deforges, Paris
Satz: Fotosatz Pfeifer, Germering
Druck und Bindung: Clausen & Bosse, Leck
Printed in Germany

Dieses Buch ist ihrem Gedächtnis gewidmet:

Guillermo Ungo, Präsident der Demokratischen Front (FMNL) von El Salvador, Vizepräsident der Sozialistischen Internationale; gestorben in Mexiko am 28. Februar 1991;

Kazem Radjavi, iranischer Patriot, ermordet in Tannay (Schweiz) am 24. April 1990;

Bruno Kreisky, vormals Bundeskanzler von Österreich, gestorben in Wien am 29. Juli 1990;

André Chavanne, Staatsrat (Minister) der Republik Genf, Erziehungsminister, gestorben in Genf am 25. September 1990.

Inhalt

Mit wem säße der Rechtliche nicht zusammen
Dem Recht zu helfen?
Welche Medizin schmeckte zu schlecht
Dem Sterbenden?
Welche Niedrigkeit begingest du nicht, um
die Niedrigkeit auszutilgen?
Könntest du die Welt endlich verändern, wofür
Wärest du dir zu gut?
Wer bist du?
Versinke in Schmutz
Umarme den Schlächter, aber
Ändere die Welt: sie braucht es!

Bertolt Brecht
Die Maßnahme

Eines habe ich gelernt und weiß es für euch
Selber sterbend:
Was soll das heißen, es ist etwas in euch und
Kommt nicht nach außen! W a s wißt ihr wissend
Was keine Folgen hat? (...)
...
Sage ich euch:
Sorgt doch, daß ihr die Welt verlassend
Nicht nur gut wart, sondern verlaßt
Eine gute Welt!

Bertolt Brecht
Die heilige Johanna der Schlachthöfe

Und es sind zwei Sprachen oben und unten
Und zwei Maße zu messen
Und was Menschengesicht trägt
Kennt sich nicht mehr. (...)
Die aber unten sind, werden unten gehalten
Damit die oben sind, oben bleiben.

Bertolt Brecht
Die heilige Johanna der Schlachthöfe

Vorwort zur deutschen Ausgabe:
Marx, wir brauchen Dich

Im Herzen von Moskau, eingeklemmt zwischen der eleganten Art-Deco-Fassade des Hotels Metropol und der stalinistischen Horrorburg des Moskwa-Hotels steht das Denkmal des deutschen Philosophen Karl Heinrich Marx – geboren 1818 in Trier, verstorben 65 Jahre später in einer Londoner Elendswohnung. Der in Eisen gegossene Kopf dieses Mannes ist geschwärzt vom Ruß und den Abgasen der seit über einem halben Jahrhundert an ihm vorbeikeuchenden Autos sowjetischer Fabrikation. Der mächtige, auf zwei starken Schultern ruhende Kopf mit Bart und üppigem Haarwuchs, den Blick stadteinwärts zur Gorkistraße und Kremlmauer gerichtet, thront auf einem über zwei Meter hohen Steinsockel. Darauf schrieb Ende August 1991 mit Pinsel und weißer Farbe ein anonymer Passant in kyrillischer Schrift: »Proletarier aller Länder, vergebt mir.«

Der anonyme Passant irrt. Marx braucht nicht um Vergebung zu bitten. Es gibt nichts zu entschuldigen. An Lenins Terrorherrschaft, an den stalinistischen Massenmorden, am Lügengebilde sowjetisch-»kommunistischer« Ideologie, an Breschnews Korruption, am Hunger der russischen Arbeiterfamilien, den Einfällen in Ungarn, Prag und Afghanistan, kurz: den ganzen 74 Jahren sowjetischer Schreckensherrschaft über (zuletzt) fast ein Drittel der Erdoberfläche ist Karl Heinrich Marx so unschuldig wie ein neugeborenes Kind. Gewiß, in seinem Genfer Exil in der Rue de Candolle hat Georgij Walentinowitsch Plechanow Teile von Marx' Werk (*Kommunistisches Manifest*,

einige Kapitel aus dem *Kapital*, u.a.) ins Russische über-
setzt. Die russischen, georgischen, lettischen Intellektuellen der *Iskra*-Gruppe, im benachbarten Plainpalais
beheimatet, hatten Plechanows Schriften gelesen, dis-
kutiert. Lenin selbst las Marx in der Originalsprache dank
einer deutschen Großmutter und dem ausgezeichneten
Deutschunterricht im Gymnasium von Kazan.

Die Revolutionäre, die sich 1903 von Plechanows russi-
scher sozialdemokratischer Partei lossagten, kannten alle
ein paar Schriften des verstorbenen Dr. Marx. Doch keiner von ihnen, ausgenommen vielleicht Radek, hatte eine
solide Kenntnis der marxistischen Philosophie, der marxistischen Wirtschafts- und Staatstheorien oder gar des
marxistischen Weltbildes. Kein Bolschewik ist Marx je
begegnet: als diese zu den Kongressen der Arbeiterinternationale zu reisen begannen (Kongresse von Amsterdam 1904 und Stuttgart 1907), war Marx längst in
Highgate begraben.

Die Sowjetunion wie ihre Satelliten haben sich über
fünf Generationen hinweg als »marxistische« Gesellschaften definiert. Ja und? Das ist bloß eine Lüge mehr.
Eine subjektive Behauptung – gutgläubig sicher, jeden-
falls in den Gründerjahren, eine Nebelwand, die die völlig
antimarxistische totalitäre Realität der Gewaltherrschaft
verdeckt. Zur Erinnerung: Auch der koreanische Despot
Kim Il Sung nennt sich Marxist. Die schwarzafrikanischen Despoten Eyadema, Kerekerou, Mengistu waren
(sind leider noch, was Eyadema anbetrifft) stramme
Marxisten. Selbst der CIA-Agent Joseph Désiré Mabutu
von Zaire hatte 1969/1970 eine marxistische Phase: er
lief im Mao-Gewand herum und bezeichnete sich als
schwarze Wiederkehr des seligen Karl.

Im Jahr 1231 verfügt Papst Gregor IX. die Schaffung kirch-
licher Sondergerichte gegen die Albigenser im Languedoc-
Roussillon. Ihre Schergen verfolgen forthin in exklusiver
Regie die Delikte der Hexerei, der Häresie, der Apostasie

und der Magie (so das päpstliche Dekret). Ihre Unter-
suchungsmethode: die Folter. Ihr häufigstes Verdikt: Tod
durch öffentliche Verbrennung. Wer sich vor der Hinrichtung bekehrte, wurde gnädig erdrosselt. Unter dem gängigen Namen »Inquisitions-Gerichtsbarkeit« erlangte
diese Terrorjustiz in der Zeit der Gegenreformation und
des Aufbaus der iberischen Kolonialreiche in Südamerika, der Karibik, Afrika und in Teilen Asiens Weltherrschaft. Sie verwüstete ganze Landstriche, hemmte die
kulturelle Entwicklung von Nationen, mordete Hunderttausende. Keinem einigermaßen vernünftigen Menschen
käme heute in den Sinn zu behaupten, die Inquisition sei
aus dem Evangelium entstanden, die kirchliche Schrek-
kensherrschaft sei die gewollte Konkretisierung der
christlichen Lehre, das zur sozialen Praxis gewordene
Wort Gottes.

Warum also sollte Karl Marx an den sowjetischen, äthiopischen, nordkoreanischen, kambodschanischen, chine-
sischen, albanischen Terrorregimen schuld sein? Ich weiß:
brillante Hohlköpfe wie André Glucksmann, Bernard-
Henri Lévy, Philippe Nemo versuchen uns seit bald
zwanzig Jahren (es sind die alten, abgestandenen *nou-
veaux philosophes*) weiszumachen, Stalin sei der direkte
Nachkomme von Robespierre und das ganze Gulag-System
finde sein Vorbild im Termidor. Marx verehrte Robespierre
(Saint-Just, Desmoulins, u.a.), und Stalin zitierte unent-
wegt Lenin, der wiederum Marx im Munde führte. Daraus folge zwingend, meinen die Pariser Modephilosophen
(die übrigens fast ausnahmslos alle eine eigene extremi-
stisch-konfuse Vergangenheit meist in der *gauche pro-
létarienne* hinter sich haben), daß Marx in der europäischen Geistesgeschichte bloß noch als ein Übermittler
der antidemokratischen, menschenverachtenden Ideen
des Totalitarismus, als eine eiserne Brücke zwischen dem
»Terroristen« Robespierre und dem Massenmörder Stalin
zu sehen sei. Auf so viel Unsinn will ich nicht eingehen.

Ein Rätsel bleibt: jenes der individuellen Perversion. Wie wird aus dem jungen saarländischen Arbeitersohn Erich Honecker, der, empört über die Ausbeutung und Armut seiner Familie, mit 14 Jahren beschließt, sein Leben dem Kampf für soziale Gerechtigkeit zu widmen, Jahrzehnte später ein kaltherziger Parteibürokrat, der quer durch Deutschland eine Mauer bauen läßt und jeden zu erschießen befiehlt, der sie zu überwinden versucht?

Der Spanienkämpfer Hoffmann war ein Held vor Teruel: er setzte sein Leben für die Freiheit des spanischen Volkes ein. Als Stasi-General organisierte er die Unterdrückung, Bespitzelung, Einschüchterung seiner eigenen Mitbürger. Der junge Markus Wolf war vom jüdisch-humanistischen Erbe seines Vaters geprägt, ein überzeugter Antifaschist und bereit, sein Leben für den Sieg der Vernunft über den nazistischen Rassenwahn zu opfern. Jahre später stellt er seine hohe Intelligenz, seine Bildung, seine beachtliche Vitalität in den Dienst der Mielke-Organisation, wird deren Geheimdienstchef und hilft, das Überleben des ostdeutschen Unrechtsstaates erheblich zu verlängern.

Eine mögliche Erklärung: Honecker, Hoffmann, Wolf und viele andere deutsche Kommunisten ihrer Generation sind dem wirklichen Marx nie begegnet. Gekannt haben sie ihn allein in der verzerrten Fratze des Leninismus.

Marx verstand sich als Erbe der Französischen, republikanischen Revolution: er kämpfte 1848 im heimatlichen Rheinland gegen die Autokratie; er wurde wegen republikanischer Umtriebe von der preußisch-autokratischen Berliner Universität gejagt. Fünfunddreißig Jahre lang lebte er im Exil (Paris, Brüssel, London). In fremder Erde ist er begraben. Ein Verfolgter, ein Verfemter.[1] Volkssouveränität, Gewaltentrennung, Bürgerfreiheiten, Minderheitenschutz, kurz: die Staatsform der Demokratie, waren die Ziele, für die er zeit seines Lebens kämpfte, litt und schrieb.[2]

Lenin löste im November 1917 die konstituierende Versammlung auf; er schickte Soldaten gegen die gewählten Deputierten. Das Terrorregime errichtete er am Morgen nach seinem Sieg. Er führte eine militarisierte Partei, verabscheute die Demokratie und regierte zeit seines Lebens als Führer einer kleinen Minderheit, die Pressefreiheit, Gewaltenteilung und freie, geheime Wahlen fürchtete wie der Teufel das Weihwasser.

Ein tragischer Umstand ist unter anderem verantwortlich für die leninistische Verblendung der deutschen Kommunisten: die Ermordung Rosa Luxemburgs am 15. Januar 1919. Die brillante, kluge, gebildete Polin hatte die marxistischen Zirkel in Deutschland dominiert. Sie hatte Marx studiert, begriffen, gelehrt. Von ihr ging eine unerhörte pädagogische, menschliche Wirkung aus.[3] Rosa Luxemburg hatte Lenins Verrat an den Ideen von Karl Marx früh erfaßt. Für sie kam eine sozialistische Machtergreifung nur durch die Aktion einer Mehrheit (durch Generalstreik, Massendemonstration etc.) in Frage. Lenins antidemokratische Leidenschaft, seine Verachtung für Mehrheitsentscheidungen, waren ihr ein Greuel. Sie kritisierte bei jeder sich bietenden Gelegenheit den konspirativen, sektiererischen Arbeitsstil der Bolschewiki.[4] Der Staatsstreich – sie nannte ihn den Putsch – vom 17. Oktober 1917 in St. Petersburg erfüllte sie mit tiefem Unbehagen. Anderthalb Monate nach dem Tod von Rosa Luxemburg rief Lenin in Moskau den Gründungskongreß der III. Sozialistischen Internationale, der KOMINTERN, zusammen. Die deutschen Spartakisten schickten ihren Delegierten Hugo Eberlein (Deckname: Albert). Dieser traf am 2. März in Moskau ein, vertrat konsequent die Linie Luxemburgs und bekämpfte Lenin. Eberlein weigerte sich vorerst der Gründung der III. Internationale zuzustimmen. Sein Argument: einer von den Bolschewiki ins Leben gerufenen internationalen Arbeiterorganisation fehle die demokratische Legitimation.[5]

In ihrer Breslauer Gefängniszelle hatte Rosa Luxem-

burg notiert: »Gerade die Schreckensherrschaft demo-
ralisiert.

(...) Ohne allgemeine Wahlen, ungehemmte Presse- und
Versammlungsfreiheit, freien Meinungskampf erstirbt das
Leben in jeder öffentlichen Institution, wird zum Schein-
leben, in dem die Bürokratie allein das tätige Element
bleibt. Diesem Gesetz entzieht sich niemand. Das öffentliche Leben schläft allmählich ein, einige Dutzend Partei-
führer von unerschöpflicher Energie und grenzenlosem
Idealismus dirigieren und regieren, unter ihnen leitet in
Wirklichkeit ein Dutzend hervorragender Köpfe, und eine
Elite der Arbeiterschaft wird von Zeit zu Zeit zu Versamm-
lungen aufgeboten, um den Reden der Führer Beifall zu
klatschen, vorgelegten Resolutionen einstimmig zuzustimmen, im Grunde also eine Cliquenwirtschaft – ...«[6]

Dieses bescheidene kleine Buch hat ein präzises Anliegen:
es will dem *Marxismus des Widerstands* das Wort reden.
Noch zu Beginn dieses Jahrhunderts glaubte die große
Mehrheit der Menschen, daß die Arbeiterklasse, die von
ihr und für sie produzierten Ideen die staatlichen Grenzen
überwinden, die ideologischen Konflikte auflösen und
die Welt vereinigen würden. Diese Erwartung erwies sich
als Irrtum.

Es ist das zunehmend in den Händen weniger mono-
polisierte, immer stärker multinational sich ausdehnende
Finanzkapital, das unserem Planeten ein fast homogenes
Kollektivbewußtsein, ein einheitliches Gesetz des Handelns, universale Referenz-»Werte« aufzwingt. Diese
vom Finanzkapital produzierten »Werte« sind zwar reine
Funktionsindikatoren, keine wirklichen Werte – die den
tiefen Wünschen der Menschen entsprechen, ihrem ver-
borgenen, geduldigen Willen zu Selbstbestimmung und
Freiheit –, aber universalisiert haben sie sich trotzdem.
Die Entfremdung des Menschen, das Absterben seiner
singulären Identität, jedes einzelnen unter uns, ist heute
beinahe abgeschlossen.

Daher der Begriff des *Marxismus des Widerstands*: alle Werte, die die progressive Menschwerdung zu befördern suchen, sind heute nur noch reine Widerstands-Werte.[7]

Dieser Winter 1991/92 ist eine trübe Zeit. Wer noch zu denken wagt, den Mut aufbringt, die Welt anzuschauen, so wie sie ist, in dem steigen Bitternis und Verzweiflung auf. Die neue Weltordnung eines George Bush bereitet mir Übelkeit. 17. Januar 1991 Mitternacht: Hunderte sichtbarer und sogenannter unsichtbarer Bomber, Dutzende angeblich »intelligenter« (welch eine Ironie) Lenkraketen, Tausende lasergesteuerte Granaten prasseln auf die irakischen Städte und Dörfer nieder. Die jahrtausendealten Völker Mesopotamiens – die Kurden, Araber, Chaldäer, Assyrer und andere, geknechtet von einem zynischen Tyrannen – erleben die technologische Perfektion westlicher Zerstörungswut. Siebenunddreißig Staaten – von der Französischen Republik über die Tschechoslowakei bis zum Senegal (glücklicherweise nicht die Bundesrepublik) – ziehen unter amerikanischem Banner gegen die Iraker zu Felde. Die westliche Armada gab vor, im Namen der internationalen Rechtssicherheit, der Menschenrechte, der Demokratie, des Rechtes auf Selbstbestimmung der Völker zu handeln.

Beinahe ein Jahr ist vergangen. Wie ist heute die Lage im Mittleren Osten? In den Massengräbern am unteren Schatt el-Arab und in der kuweitischen Wüste liegen über 200 000 junge Iraker – verstümmelt, verbrannt, erstickt. Basra ist ein Trümmerhaufen. In den südlichen Sümpfen, dort wo Tigris und Euphrat zusammenfließen, verstecken sich Zehntausende schiitische Familien in Todesangst. Die Überlebenden des schiitischen Aufstandes vom Frühling 1991 fürchten die Gasangriffe Saddam Husseins. Hunderttausende ihrer Leidensgenossen darben, von Kälte und Hunger bedroht, in den Zeltlagern jenseits der iranischen Grenze, in Kusistan. Im Norden des Landes sind wiederum die Kurden auf der Flucht. In Kirkuk,

Suleimanya wütet die Geheimpolizei des Baath-Regimes. Jenseits des 36. Breitengrads fliegen irakische Kampfhelikopter Napalmangriffe auf Kurdendörfer. Die gesamte irakische Bevölkerung – vor allem die Kleinkinder, die Kranken – leidet unsäglich unter dem seit August 1990 verhängten UNO-Embargo. Beschützt vom intakten Polizeiapparat und einer Legion von Folterknechten, leben Saddam Hussein, sein Takriti-Klan und die Schranzen seiner Baath-Partei derweil in Saus und Braus. Lastwagenkolonnen aus dem benachbarten Jordanien liefern täglich Whisky, Kaviar und Havanna-Zigarren – auch die bei Baath-Bonzen so beliebten blauen, maßgeschneiderten Cardin-Anzüge – ins Hauptquartier des Depoten am Tigris-Ufer in Bagdad.

In Kuwait-City machen private Milizen Jagd auf die Palästinenser: sie werden gefoltert, umgebracht, verscharrt. Zehntausende Familien ihrer Habe beraubt und verjagt. 600 000 Palästinenser lebten und arbeiteten im August 1990 im Emirat. Heute zählen die Menschenrechtsorganisationen 185 000. Im von Israel besetzten Westjordanland und in Gaza geht die Intifada trotz Madrider Konferenz weiter: täglich werden Kinder von den Geschossen der Besatzer verletzt, andere getötet. Hunderte verhaftet und gefoltert. Der Fliegergeneral Assad terrorisiert Syrien und jetzt auch – völlig legal – den Libanon.

Dank amerikanischer Unterstützung und europäischer Blindheit waltet in der Türkei ein korruptes Folterregime übelster Sorte. Saudi-Arabien, Dubai, Bahrein, Oman und andere Musterdemokratien sind fest in der Hand ihrer hinterwäldlerischen Despoten.

Einige tausend Kilometer weiter im Süden, im Sudan, gehen drei Millionen Menschen – Frauen, Männer, Kinder – still zugrunde. Anhaltende Trockenheit, Bürgerkrieg und systematische Zerstörung der Transportwege durch die Luftflotte der Khartumer-Militärclique treiben die Familien der Dinka-Bauern, der Shilluk-Hirten der

Nuer und der Darfuri zuerst aus ihren Siedlungsgebieten, dann in die Auffanglager und schließlich in den fast sicheren Tod. Im benachbarten Tschad, in Südmozambique, in Nordsomalia findet derzeit ein ähnlicher Genozid statt. Ganze Völker, oft Erben von jahrtausendealten Zivilisationen, verschwinden von der Weltkarte. Stumm, fast unbemerkt, vom Medienrummel vergessen, unter einem leeren Himmel.

Während der sechs Wochen Luftkrieg und des viertägigen Landangriffs am Golf und im Südirak haben die 37 kriegführenden Nationen viele Dutzend Milliarden Dollar vergeudet. Fasziniert, den Schrecken in den Knochen, haben wir Europäer in den zensierten Fernsehberichten den Einsatz der – trotz ihrer im Endeffekt Tod und Verwüstung bringenden – bewunderungswürdigen Militärtechnologie verfolgt.

Humanitäre Organisationen, christliche Kirchen in Deutschland und der Schweiz verlangen heute einige hundert Lastwagen, ein paar Transportflugzeuge und einige Dutzend Helikopter um den sterbenden, leidenden Menschen im Südsudan, im Tschad, in Somalia, in Mozambique wenigstens teilweise zu Hilfe zu kommen. Höfliches Achselzucken in den Staatskanzleien: die technische Durchführbarkeit der Hilfeleistung am Oberlauf des Nils und in der Wüste Somalias wird bezweifelt. Außerdem haben die westlichen Demokratien leider kein Geld.

»Die Wiederkehr der bürgerlichen Gesellschaft und ihres Rechts« ist ein kluger Essay von Ernst-Joachim Mestmäcker überschrieben, den *Die Zeit* veröffentlicht hat.[8] Den Text haben die *Zeit*-Redakteure mit je einem Foto von Karl Marx und Immanuel Kant illustriert. Darunter steht: »Marx geht – Kant bleibt.« Irrtum, liebe Kollegen! So einfach ist das nicht.

Das kapitalistische Produktions- und Gesellschaftssystem, das im Welttheater gegenwärtig Hochsaison feiert, hat zwar über die Jahrzehnte unerhörte Energien

19

menschlicher Intelligenz, des Forschungstriebes, der Schaffens- und Schöpfungskraft freigesetzt; es hat die materiellen Produktionskräfte unendlich gesteigert, die Menschen nach dem Mond greifen lassen, das Atom zertrümmert, Meerwasser trinkbar, Wüsten bewohnbar gemacht. *Aber eine Moral hat dieses System nicht hervorgebracht.* Sein Motor und fast einziges Legitimationsprinzip heißt: Gewinnoptimierung.

Jede menschliche Gesellschaft gleicht einem Sedimentgestein: in ihr häufen, lagern sich über Generationen Werte, Einsichten, Sehnsüchte ab. Auch das gegenwärtig triumphierende kapitalistische Gesellschaftssystem führt im Windkanal seiner rapiden Entwicklung Werte mit sich. Es sind dies die Restwerte einer einst angestrebten jüdisch-christlichen Kultur samt Überresten aus der Aufklärung, aus der Zeit eines strahlenden, von der Warenrationalität längst liquidierten europäischen Rationalismus.

Marx ist der größte Denker des entstehenden Industriezeitalters, der Epoche der sich rasant ausbreitenden Warenrationalität, der die Entfremdung des Menschen erkannt, ihr eine alternative Totalität entgegengesetzt hat. Sein philosophisches Werk beinhaltet die radikale Kritik eines Gesellschaftssystems, das den Menschen sich selbst entfremdet, ihn auf seine reine Warenfunktion beschränkt und damit entwürdigt, ihn instrumentalisiert für das ontologisch einzig akzeptable Ziel der Mehrwertakkumulation und der Gewinnoptimierung. Es ist das alternative Bewußtsein des sich selbst entfremdeten Produzenten.

Weltgeschichte – das sind die lebensbestimmenden wirtschaftlichen, politischen, militärischen, kulturellen Entscheidungen – vollzieht sich heute in einem Dreieck zwischen Stockholm, New York, Tokio. Wer außerhalb dieses Dreiecks lebt, mithin die überwiegende Mehrheit der Menschen dieser Erde, hat nicht nur nichts zu sagen, der erleidet auch meist völlig hilflos die Beschlüsse der Herrscher. Er ist fremdbestimmt.

Jean-Jacques Rousseau schreibt: *Dans les relations d'homme à homme le pis qui puisse arriver à l'un est de se voir à la discrétion de l'autre.*[9]

Gegen die ausgegrenzten Massen errichtet die Warengesellschaft einen Limes: die österreichische Armee schirmt die Grenze nach Osten ab und jagt die Flüchtlinge zurück. Maghrebinische Wirtschaftsflüchtlinge werden im Mittelmeer von der französischen Flotte abgefangen, in Sizilien von den Carabinieri verhaftet. Spanien bewacht seine Flughäfen und Küsten, als wäre der dritte Weltkrieg ausgebrochen: die Iberische Halbinsel ist eine Festung. Der Feind: einige zehntausend halbverhungerte Asyl- und Arbeitssuchende aus dem nahen Afrika. Der Limes produziert seine eigene Ideologie: jene der neuen Barbaren. Als zur Assimilation geeignet wird nur erklärt (und damit Zugang nach Europa erhält), wer eine weiße Haut hat, sich zum christlichen Glauben bekennt und über ein Bankkonto verfügt (oder bald über eines verfügen wird). Zwischen der neuen Asyl- und Fremdarbeitergesetzgebung des Schweizerischen Bundesrats 1991 und den Nürnberger Rassengesetzen von 1939 ist der Unterschied nur mit der Lupe auszumachen.

Im Bereich der theoretischen Vernunft ist die kapitalistische Ideologie die genaue Umkehrung der Aufklärung. Immanuel Kant: »Aufklärung ist der Ausgang des Menschen aus seiner selbstverschuldeten Unmündigkeit.«[10] Indem sich der Mensch – durch die Verinnerlichung der durch Reklame erzeugten fiktiven Bedürfnisse etwa – der Warenrationalität unterwirft, verzichtet er freiwillig auf seine angestammte Mündigkeit. Und vor allem: der Mensch ist nicht mehr Subjekt, sondern nur noch das fremdbestimmte Objekt seiner eigenen Geschichte. »Alle Geschichte ist (heute) Warengeschichte«, schreibt Max Horkheimer.[11]

Was aus dem Menschen wird, wenn er nicht mehr Subjekt der Geschichte ist, schildert eindringlich der Marxist Horkheimer: »Die Maschine hat den Piloten abgeworfen;

sie rast blind in den Raum. Im Augenblick ihrer Vollendung ist die Vernunft irrational und dumm geworden. Das Thema dieser Zeit ist Selbsterhaltung, während es gar kein Selbst zu erhalten gibt ... Wenn wir vom Individuum als einer historischen Kategorie sprechen, meinen wir nicht nur die raum-zeitliche und sinnliche Existenz eines besonderen Gliedes der menschlichen Gattung, sondern darüber hinaus, daß es seiner eigenen Individualität als eines bewußten menschlichen Wesens inne wird, wozu die Erkenntnis seiner Identität gehört.«[11]

Und weiter: »Individualität setzt das freiwillige Opfer unmittelbarer Befriedigung voraus zugunsten von Sicherheit, materieller und geistiger Erhaltung der eigenen Existenz. Sind die Wege zu einem solchen Leben versperrt, so hat einer wenig Anreiz, sich momentane Freuden zu versagen ... Gesellschaftliche Macht ist heute mehr denn je durch Macht über Dinge vermittelt. Je intensiver das Interesse eines Individuums an der Macht über Dinge ist, desto mehr werden die Dinge es beherrschen, desto mehr werden ihm wirklich individuelle Züge fehlen, desto mehr wird sein Geist sich in einen Automaten der formalisierten Vernunft verwandeln.«[12]

Diese »formalisierte Vernunft« bemächtigt sich des vernichteten Individuums und behauptet sich in ihm mit Hilfe der verschiedensten Tricks: »Die Muster des Denkens und Handelns, die die Menschen gebrauchsfertig von den Agenturen der Massenkultur beziehen, wirken wiederum so, daß sie die Massenkultur beeinflussen, als wären sie die Ideen der Menschen selbst [...]. Jedes Mittel der Massenkultur dient dazu, die auf der Individualität lastenden sozialen Zwänge zu verstärken, indem es jede Möglichkeit ausschließt, daß das Individuum sich angesichts der ganzen atomisierenden Maschinerie der modernen Gesellschaft irgendwie erhält.«[13]

Und etwas weiter: Die »Einmaligkeit« des Individuums besteht von nun an »darin, typisch zu sein«. Das Individuum verkümmert und wird zu einer »bloßen Zelle funktionalen Reagierens«. »Es hat keine persönliche Geschichte mehr. Sein Leben verschwindet in den neuen unpersönlichen Institutionen« der modernen Gesellschaft, wird zum einfachen Reflex einer mechanischen Wiederholung.[14] Kurz, ohne das klare Bewußtsein seiner Endlichkeit hütet der Mensch »ein Überleben, das durch das älteste biologische Mittel des Überlebens zustande kommt, nämlich durch Mimikry«.[15]

Der zuvor zitierte *Zeit*-Autor Ernst-Joachim Mestmäcker irrt in einem Punkt: die bürgerliche Staats- und Gesellschaftslehre hat Verdienstvolles geleistet im Erkennen und in der Verteidigung der menschlichen Individualrechte, das heißt jener Rechte und Freiheiten, die jeder einzelne gegenüber der Gesellschaft, dem Staat geltend machen kann. Diese individuellen Freiheiten und Rechte begründen die unverwechselbare Identität jeder Person. Die Kollektivrechte – deren Objekt die gerechte Verteilung des vorhandenen Reichtums, der verfügbaren Güter ist – hat die bürgerliche Gesellschaftswissenschaft jedoch diskret übergangen. Ihr höfliches Schweigen trifft heute auf die Schreie der Vergessenen, der Gefolterten. Wir sind 5,2 Milliarden Menschen auf diesem Planeten. 3,8 Milliarden leben in einem der 122 sogenannten Entwicklungsländer. Und den meisten dieser vergessenen Mitbewohner unserer geplagten, geplünderten Erde geht es gegenwärtig hundsmiserabel. Über sie verliert Mestmäckers zurückgekehrte bürgerliche Gesellschaft kein Wort.

An einem heißen Sommermorgen 1794 von seinen Henkern befragt, wo denn eigentlich die Revolution aufhören solle, antwortete der verstümmelte Maximilian Marie Isidore de Robespierre[16]: *La révolution doit s'arrêter à la perfection du bonheur.* Ein halbes Jahrhundert nach ihm versuchte Marx, der sich zeitlebens als Schüler von Robespierre (sowie dessen Lehrmeister Jean-Jacques Rousseau) verstand, dieses geteilte Glück der Erdenbewohner zu analysieren, in Begriffe zu fassen und seine Verwirklichung konkret (in der ersten Arbeiterinternationale, deren Generalsekretär er war) anzugehen.

Ist es ihm gelungen? Vieles was er schrieb, ist temporär, dem Tageskampf, der provisorischen Problematik entsprungen. Aber die Frage nach dem Sinn und der Zielsetzung der Kollektivrechte, der Moral, die das Kollektivbewußtsein strukturieren sollte, hat er gestellt. Ein für allemal.

Die Frage der Selbstverantwortung des Individuums als Subjekt, als Produzent seiner eigenen individuellen und kollektiven Geschichte, als Kämpfer für seine Freiheit innerhalb der Gemeinschaft, in der dialektischen Auseinandersetzung gegen und mit ihr, ist die zentrale Frage unserer Zeit.

Marxismus des Widerstands heißt, diese Frage inmitten einer von Warenrationalität und Profiwut zerstörten sozialen Landschaft zu stellen, zu aktualisieren und für sie konkrete Antworten zu schaffen.

Vieles bei Marx ist *prophetisch* und bewahrheitet sich heute: seine ganze Staatslehre zum Beispiel. Für seine Zeitgenossen (auch für seinen entfernten Lehrer und allgegenwärtigen spearing-Partner Hegel) war der Staat so etwas wie ein ewiges Wesen. Für Marx nicht. Er erkannte früh den epiphänomenalen Charakter dieses Zwangsapparates. Er sah seine Überwindung oder doch wenigstens sein stilles Absterben voraus.

Und wo stehen wir heute? Es vergeht kein Ministertreffen der Europäischen Gemeinschaft, ohne daß nationalstaatliche Souveränitätsrechte liquidiert werden. Der Nationalstaat schmilzt dahin wie ein Schneemann in der Frühlingssonne. Nur kroatische Neofaschisten und serbische Betonköpfe glauben noch an ihn. Immer deutlicher verlangen die öffentlichen Meinungen der westlichen Demokratien das Recht auf Eingriff in die innerstaatlichen Angelegenheiten eines grausamen Nachbarn. Moralische Werte sollen gegen die Staatsräson durchgesetzt werden. Nationalstaatliche Grenzen sollen da kein Hindernis mehr sein.

Vor etwas mehr als zehn Jahren noch – siehe die Verurteilung des tansanischen Einfalls in Uganda – war das in der UNO-Charta vereinbarte Prinzip der Nichtintervention in die inneren Angelegenheiten eines souveränen Staates heiligstes Gebot. Heute verlangt einer der einflußreichsten, gebildetsten europäischen Intellektuellen kalten Herzens und völlig unwidersprochen die Abschaffung der Souveränität überall dort, wo ein Staat die minimalsten Menschenrechte seiner Bürger verletzt.[17]

Wir sind Zeugen eines unerhörten, lang erhofften, kaum zu glaubenden Abenteuers: der rasant fortschreitenden ökonomischen, sozialen, politischen Vereinigung unseres Kontinents. Der Gemeinsame Markt, die schon bestehenden oder erst angestrebten supranationalen politischen Institutionen sind zwar (abgesehen vom europäischen Parlament) durch und durch undemokratisch, weil fast ausschließlich von wirtschaftlichen Sachzwängen bestimmt. Sicher aber ist eines: die Sozialformation Staat siecht dahin, ihre Zeit ist vorbei.

Was kommt danach? Das von Denis de Rougemont beschworene Europa der Regionen? In welchen Institutionen werden wir zusammenleben? Welche Netze von Beziehungen werden unsere Vielfalt bestimmen? Karl Marx hat über diese neue Etappe der Menschwerdung nachgedacht.

Fällt einmal die Zwangsjacke des Staates, hört die doppelte Reproduktion der ungleichen Produktionsbeziehungen auf. Und dann wird das Reich der Freiheit anbrechen: ein jeder wird leben nach seinem Bedürfnis und er wird dem anderen geben nach seiner Fähigkeit; für jeden nach seinem Bedarf, von jedem nach seiner Fähigkeit, heißt es knapp und klar bei Marx. Es wird sich eine freie Föderation freier Produzenten bilden. Das zweite Kapitel des *Manifests* (1848) schließt mit dem Satz: »An die Stelle der alten bürgerlichen Gesellschaft mit ihren Klassen und Klassengegensätzen tritt eine Assoziation, worin die freie Entwicklung eines jeden die Bedingung für die freie Entwicklung aller ist.«[18]

So vernünftig und schön wie Marx sich die Gesellschaft nach dem Ableben des Staates vorgestellt hat, wird's wohl nicht werden. Aber immerhin: als einziger Denker seiner Epoche (der Epoche des lärmig-kriegerischen Triumphes des Nationalstaates) hat der Mann aus Trier wenigstens über die vom Staat befreite Welt nachgedacht.

Im Gegensatz zu Frankreich ist die Marxismus-Diskussion in Deutschland stets lebendig geblieben. Davon zeugen zahlreiche neuere Bücher, die sich mit Marx befassen.[19] An deutschen Universitäten, in einigen Verlagshäusern und Redaktionen wirken Marxisten von bedeutendem intellektuellen Format und internationaler Ausstrahlung.

Mit Bewunderung und einigem Neid erinnere ich mich eines kalten, nassen Novembertages 1988: in einem neonerleuchteten Betonverlies der Universität Bochum hatte das Institut für die Erforschung der Arbeiterbewegung die deutschen Marxisten zu einem Geburtstags-Kolloquium zu Ehren des 75jährigen Willy Brandt zusammengerufen. Eine überaus eindrucksvolle, lebendige Versammlung von Philosophen, Ökonomen, Politikwissenschaftlern, Soziologen marxistischer Inspiration.[20]

Eine andere Erinnerung. Sie ist voller Schmerz und Traurigkeit. Ein heller Sommernachmittag 1991 in den Pyrenäen: im kleinen mittelalterlichen Städtchen Navarrinx trugen wir – eine kleine Gruppe dankbarer Schüler – den 90jährig im Spital von Pau verstorbenen Henri Lefèbvre zu Grabe. Lefèbvre war der einsame Begründer der marxistischen Schule in Frankreich. Mit Ausnahme der zehn Zeilen in *Le Monde* und in *Libération* nahm keine der großen Zeitungen, kein Fernsehen und kein Radio von diesem Tod Notiz. Die Regierung in Paris, Staatschef Mitterrand blieben stumm. Ein paar Bauern, Nachbarn des hier beheimateten Toten, ein paar schwarz vermummte Baskenfrauen gaben ihm das Geleit. Sonst kümmerte sich niemand um den Tod dieses außergewöhnlichen Schriftstellers, Philosophen, Lehrers und Wissenschaftlers. Wäre es nach mir gegangen, er hätte im Pantheon seine letzte Ruhestätte bekommen.

Warum haben (und hatten) es marxistische Intellektuelle in Frankreich so schwer? Warum erleben wir heute diese Marginalisierung, diese aggressive, öffentliche Verurteilung? Zwei Gründe scheinen mir wesentlich: unmittelbar nach dem Ende des Zweiten Weltkrieges (und mit Einschränkung bereits in den dreißiger Jahren) bezeichnete sich die große Mehrzahl bekannter Intellektueller, Schriftsteller, Philosophen, Künstler als Marxisten; zu Unrecht meistens. Mit dem Etikett Marxist drückten sie lediglich ihre Bewunderung, ihre Solidarität, ihre Verbundenheit mit der Kommunistischen Partei Frankreichs aus. Diese Partei hatte tatsächlich bereits in den dreißiger Jahren mit Mut und Energie gegen die faschistischen, antisemitischen Organisationen und Ideen gewirkt. 1939 hatte sie zwar den Hitler-Stalin-Pakt gebilligt, während der deutschen Besetzung Frankreichs hatte sie jedoch in der Résistance eine hervorragende, außerordentlich eindrucksvolle Rolle gespielt: Tausende von Kommunisten starben im Kampf für die Freiheit in der Deportation, wurden gefangen, gefoltert, erschossen.

Aber die Kommunistische Partei Frankreichs war (und ist es mit Einschränkung heute noch) die längste Zeit über eine stalinistische Partei. Meinungs- und Pressefreiheit, Freiheit der Diskussion und der Lehre, Kritik und Recht auf Fraktionenbildung gab es in ihr nicht. Gerade diese Rechte und Freiheiten aber sind Voraussetzungen dafür, daß die Ideen von Karl Marx ins kollektive Bewußtsein eindringen, sich entwickeln und konkretisieren können.[21]

Heute ist das Wort »Marxist« in Frankreich ein Schimpfwort: es wird böswillig, seltener auch gutgläubig, mit den Dogmengläubigen des dahinsiechenden kommunistischen Parteiapparates gleichgesetzt.

Marx, wir brauchen dich wurde in Paris und Genf verfaßt. Beide Autoren wohnen im französischen Sprachraum, arbeiten, lesen, denken in der französischen Schweiz und in

Frankreich. Das Buch ist aus der französischen Situation heraus entstanden. Es antwortet auf die intellektuellen Erfordernisse, die Fragestellungen der französischen Sozialität.

Dem informierten deutschen Publikum, insbesondere Studenten, die die Vorlesungen von Fetscher, Habermas, Senghaas, Galtung und anderen besuchen, mag manches dieser hier aufgegriffenen Probleme als überholt erscheinen.

Dennoch hoffe ich, daß dieses kleine bescheidene Buch zur deutschen Diskussion einen nützlichen Beitrag leisten kann.

Das eben vereinigte Deutschland ist die bei weitem vitalste industrielle, politische und kulturelle Macht im sich vereinigenden Europa. Und in Deutschland wirkt die SPD, die weitaus stärkste, dynamischste und vielfältigste sozialistische Bewegung des Kontinents. Die SPD hat in Deutschland und auch in Europa eine die geistigen Strömungen lenkende, richtunggebende historische Aufgabe. Würde sie zu einem luziden *Marxismus des Widerstands*, so wie ihn ihr Gründer August Bebel praktiziert hat, zurückfinden, würde sich das Schicksal unseres Kontinents zum Guten wenden.

Danksagung

Dr. h. c. Klaus Piper hat mir bei der Bearbeitung der deutschen Ausgabe mit sachkundigem Rat und überaus klugen Anregungen große Hilfe geleistet. Wie schon bei dem vorigen Buch hat mich Dr. Ernst Reinhard Piper verlegerisch großartig unterstützt. Ulrich Wank hat sich als Lektor geduldig meiner angenommen und sich vorbildlich um das Manuskript gekümmert wie Hanns Polanetz um die Herstellung. Die ausgezeichnete Übersetzung stammt von Inge Leipold. Ihnen allen sage ich meinen herzlichen Dank.

Jean Ziegler
Genf, Dezember 1991

Anmerkungen

[1] Über das Leben der Familie Marx in London vgl.: H.F. Peters, *Die rote Jenny. Ein Leben mit Karl Marx.* München, Kindler Verlag, 1984

[2] Karl Marx griff häufig die bürgerlichen Individualrechte an, weil sie ihm ungenügend erschienen, nicht weil er sie als nebensächlich erachtete. Die Kollektivrechte der Produzenten, die Individualrechte der Staatsbürger gehörten für ihn zur selben Totalität: der Würde des Mensch gewordenen Menschen

[3] Zum Leben von Rosa Luxemburg vgl.: Gilbert Badia, *Rosa Luxemburg.* Paris, Éditions sociales, 1975; Frederik Hetmann, *Rosa Luxemburg. Die Geschichte der Rosa Luxemburg und ihrer Zeit.* Weinheim und Basel, Verlag Beltz und Gelberg, 1976

[4] Während ihrer Inhaftierung wegen »Hochverrats« redigierte Rosa Luxemburg 1916 den äußerst kritischen Text: »Organisationsfrage der russischen Sozialdemokratie.« Ihr zeitweiliger Lebensgefährte Paul Levi gab diesen Text zusammen mit anderen ihrer Schriften nach ihrem Tod heraus, unter dem Gesamttitel: *Die Russische Revolution.* Leipzig, Verlag Neuer Weg, 1922

[5] Erst der Österreicher Karl Steinhardt (Deckname: Gruber) konnte seine Opposition ein wenig dämpfen. Bei der Schlußabstimmung in der Nacht vom 4. auf den 5. März enthielt er sich der Stimme

[6] Rosa Luxemburg, *Die Russische Revolution.* Aus dem Nachlaß. Hg. von Paul Levi, Berlin, Verlag Gesellschaft und Erziehung, 1922, S. 113

[7] Bei Marx mündet diese Menschwerdung im Unendlichen. Er schreibt: »Et eritis sicut dei« (Ihr werdet sein wie die Götter)

[8] *DIE ZEIT*, Hamburg, Nr. 32, 2.8.1991

[9] Jean-Jacques Rousseau, *Discours sur l'origine et les fondements de l'Inégalité parmi des hommes.* Paris, Éditions Gallimard, Coll. Idées, 1965, S. 43

[10] Immanuel Kant, *Was ist Aufklärung?* (1784)

[11] Max Horkheimer, *Eclipse of Reason.* New York, Oxford University Press Inc., 1947. (*Zur Kritik der instrumentellen Vernunft.* Deutsch von Alfred Schmidt. Frankfurt/M., Fischer Athenäum Taschenbücher, Bd. 4031, 1974, S. 124)

[12] Ibid. S. 125

[13] Ibid. S. 146

[14] Ibid. S. 150

[15] Ibid. S. 136

[16] Robespierre hatte bei seiner Verhaftung am 27. Juli einen Selbstmordversuch unternommen; die Revolverkugel hatte bloß seinen Kiefer zertrümmert

[17] Freimut Duve, »Vom Ende der Souveränität«, Spiegel-Essay, in: *Der Spiegel*, Nr. 39, 1991

[18] Karl Marx, *Manifest der Kommunistischen Partei*, London 1948, zit. n. MEW, Bd. IV, Berlin, Dietz Verlag, 1971, S. 482

[19] Verwiesen sei u.a. auf Iring Fetscher, *Karl Marx und der Marxismus* (München ⁴1985); Wolfgang Schieder, *Karl Marx als Politiker* (München 1991)

[20] Iring Fetscher war da, die Kollegen Detlev Albers, Elmar Altvater, Helga Grebing, Frank Deppe, Wolfgang Fritz Haug, Peter Bender, Peter Brandt, Frigga Haug, Gudmund Hernes, Martin Jänicke, Heinz-Dieter Kittsteiner, Günter Minnerup, Clarita Müller-Plantenberg, Wolfgang Templin und viele andere waren zugegen. Nur Walter Abendroth, verstorben 1985, fehlte: Willy Brandt erwies seinem Andenken persönlich die Ehre. Die Beiträge finden sich im Sammelband: *Sozialismus in Europa – Bilanz und Perspektiven. Festschrift für Willy Brandt*. Hg. von Helga Grebing, Peter Brandt, Ulrich Schulze-Marmeling. Essen, Verlag Klartext, 1989

[21] Die erste kommentierte französische Gesamtausgabe der Werke von Karl Marx, versehen mit einem brauchbaren wissenschaftlichen Apparat, erschien erst ab 1963. Maximilien Rubel, *Marx, œuvres complètes*. Paris, Éditions Gallimard, Collection La Pléiade (Ausgewählte Werke erschienen zuvor bei den Éditions sociales, Paris.) Die erste und vorläufig einzige Marx-Exegese aus christlicher Sicht stammt von dem Jesuiten-Provinzial Jean-Yves Calvez; sie erschien bei Éditions Seuil im Jahre 1956. Jean-Yves Calvez, *La pensée de Karl Marx*.

Vorwort zur französischen Ausgabe

»Es ist nicht gut, ein Thema so zu erschöpfen, daß man dem Leser nichts mehr zu tun läßt. Es geht nicht darum, die Menschen zum Lesen, sondern darum, sie zum Denken zu bringen.«

Baron de la Brède de Montesquieu

Zu Beginn des 17. Jahrhunderts begibt sich Uriel da Costa, ein Portugiese aus einem Geschlecht jüdischer Konvertiten stammender Schatzmeister eines katholischen Stifts, auf der Suche nach seinen Wurzeln von Porto aus nach Amsterdam. Aber auch die jüdische Gemeinde, deren religiöse Zwänge er nicht akzeptieren kann und will, weist ihn zurück; in seiner *Autobiographie*, einem leidenschaftlichen Plädoyer für die Freiheit des Denkens, prangert er die Scheinheiligkeit aller Dogmen an. Er ist weder Jude noch Christ, nicht einmal Atheist: eine Erfahrung, die Spinoza teilen und zu einer Lehre ausbauen wird ...

»Uriel da Costa« ist das Pseudonym eines jungen Philosophen aus Savoyen, der zur Zeit eine Doktorarbeit über Spinoza schreibt. Er ist einer der wichtigsten Berater von Michel Rocard, sein persönlicher Freund. Er ist Mitverfasser des vorliegenden Bändchens.

Marx, wir brauchen dich! ist das Ergebnis unserer unablässigen Diskussionen, unserer endlosen, hitzigen Auseinandersetzungen, die Frucht einer gemeinsamen Hoffnung und freundschaftlichen Einvernehmens. Ein solches Buch wirft, auch wenn es von nur bescheidenem Umfang ist, gewisse Probleme auf: man kann eben nicht vierhändig schreiben. Beide Autoren pflegen einen verschiedenen Argumentationsstil, der eine ist Philosoph, der andere Soziologe. Damit ein Text in sich stimmig ist und seine Überzeugungskraft wie auch den eigenen Stil bewahrt, muß jeder Autor seiner Art zu schreiben sowie seiner Einstellung treu bleiben. Uriel da Costa und ich haben uns daher in die einzelnen Kapitel geteilt ... Einigen seiner Analysen kann ich nicht zustimmen. Ich teile durchaus nicht seine Nachsicht gegenüber der französischen Sozialistischen Partei, ihren wechselnden Strategien, ihrer schleichenden Degeneration, ihren Kehrtwendungen. Ebensowenig stimme ich mit seiner radikalen Kritik an der Kommunistischen Partei Frankreichs überein; vielmehr halte ich ihren Kampf um soziale Gerechtigkeit für sehr wichtig. Auch das aktive Engagement von Régis Debray und Max Gallo gegen den Golfkrieg ist in meinen Augen von grundlegender Bedeutung.

In der nördlichen Hemisphäre weht heute ein eisiger Wind. Eine neue Barbarei hat sich breitgemacht mit ihrer törichten Überbetonung des individuellen Erfolgs, des brutalen Wettstreits, der die Vernichtung des Schwachen durch den Starken als Triumph des Geistes feiert, eine Barbarei, in der die Verweigerung über jegliche Art von Solidarität triumphiert. Seid berechnend und pragmatisch. Der Reiche hat recht, der Arme immer unrecht. Mit Sicherheit läßt sich seine Armut durch irgendein geheimes Laster erklären. Ganzheitliches Denken? Ein altes Hirngespinst. Gerade gut, um als Freizeitvergnügen einiger altmodischer Linker zu taugen. Kritisches Denken? Vergessen Sie's. Das Denken hat leistungsbezogen, also funktional zu sein.

Für den durch die marktorientierte Rationalität instrumentalisierten Menschen gibt es nur mehr ein »richtiges« Denken: einzig das von der instrumentalen Vernunft bestimmte. Im übrigen ist die »Instrumentalität« das eigentliche Subjekt der Geschichte.

Und was ist mit der dritten Welt? Die interessiert nur noch ein paar Splittergruppen romantisch veranlagter Frauen und Männer. Die Weltpresse? Sie hüllt sich in den Mantel ihres »Realismus«: »Wir sind so sehr hinters Licht geführt worden. Eure Völker, die kämpfen, die leiden, die Widerstand leisten? Wir haben verstanden: am Ende eines jeden Befreiungskrieges lauert, im Schatten verborgen, ein Pol Pot.«

Notwendige Perversionen, seit aller Ewigkeit vorprogrammiert, langsames Abdriften aller großen Freiheitsbewegungen in Tyrannei und Korruption. Die ehrenwerten Exegeten, Kommentatoren und Herausgeber der Pariser Presse geben sich gar nicht erst mit Einzelheiten ab. An den Universitäten, in den Instituten, den Forschungseinrichtungen, im Unterrichtswesen werden die Veranstaltungen, die sich mit den vielfältigen, meist tragischen Schicksalen der Völker der dritten Welt befassen, mit jedem akademischen Jahr weniger. Angeblich mangelt es an Geld. Das antiimperialistische Denken ist heute Sache einer winzigen Minderheit. Diejenigen, die es weiterhin vertreten, gelten als leicht verrückte, manchmal ganz sympathische, immer aber anachronistische Wiedertäufer.

Kurz gesagt, für die Pariser Intellektuellen, für diese auf das Wissen abonnierten Päpste, sind wir angeblich nicht mehr auf der Höhe der Zeit.

Der Baron de la Brède de Montesquieu, der kein Revolutionär, ja nicht einmal ein Demokrat war, jedoch ohnmächtiger Zeuge der ersten Raubzüge des spanischen Imperialismus in Amerika wurde, schreibt: »Alle, die gesagt haben, *eine blinde Notwendigkeit habe alle in der Welt sichtbaren Wirkungen geschaffen*, haben einen großen Widersinn behauptet. Was wäre denn ein größerer Widersinn als eine blinde Notwendigkeit, die intelligente Wesen geschaffen haben würde?«[1] Jetzt, Ende des 20. Jahrhunderts, ist in den Industriegesellschaften der nördlichen Hemisphäre die Dummheit an die Macht gelangt. Der massenhafte Hungertod von Menschen, die regelmäßig wiederkehrenden Dürrekatastrophen, die permanente Unterentwicklung so vieler Volkswirtschaften der dritten Welt, die wiederholten Preisstürze bei Rohstoffen, die tuberkulösen Mütter, die rachitischen,

33

gleich Greisen verschrumpelten Säuglinge, zerrüttete Familien, die Tränen, die Bilharziose[2], das Kwashiorkor-Syndrom[3], die Kriege zwischen ausgebluteten Nachbarvölkern, die massiv um sich greifende Prostitution und das Aussetzen von Kindern, die permanente Arbeitslosigkeit, die endlosen Slums in Lateinamerika, Asien und Afrika? »Bedauerliche Vorkommnisse, aber leider kaum zu vermeiden. Vorkommnisse, die so vielschichtig sind, daß man sie einfach nicht erklären kann ... Die Armen, die Elenden – es hat sie immer gegeben. Ja, mein Herr. So ist das nun einmal, glauben Sie mir.«

Ein kategorischer Imperativ prägt dieses kleine Buch: Eine Weltordnung, die den rapide wachsenden Reichtum einiger weniger und das Dahinsiechen der Mehrzahl der Menschen als naturgegeben, universell gültig und notwendig setzt und in der die fundamentalen Freiheiten, das relative Wohlergehen, die Bürgerrechte der industrialisierten Demokratien mit dem Elend, dem Blut, der Ausbeutung anonymer Arbeitermassen der dritten Welt erkauft werden, ist eine inakzeptable Ordnung. Sie muß von Grund auf verändert werden.

1661, während seines Aufenthalts in Rijnsburg, schreibt Spinoza: »Die inadäquaten und verworrenen Ideen folgen mit derselben Notwendigkeit wie die adäquaten oder die klaren und deutlichen Ideen.«[4] Die scheinbar zwingende Logik der marktorientierten Rationalität zu zerstören, zu zeigen, wem sie dient und auf welche Art und Weise, das ist das vordringliche Anliegen dieses Buches. Dann werden wir sehen, welchen Gefahren wir, die Menschen des Okzidents, durch die ständige Ausweitung dieser marktgerechten Vernunft ausgesetzt sind.

Gemeinsam mit Uriel da Costa fordere ich das Recht auf ganzheitliches Denken, das Erbe und die Fortführung einer Tradition der Vernunft, die man seit Kant als »kritische« bezeichnet. Es ist eben nicht alles gleichwertig. Es existieren Hierarchien und Identitäten. Die Linke ist eben nicht die Rechte, und die von der postindustriellen Gesellschaft verkündete und von den Medien propagierte »Ära der Leere« stellt keineswegs einen Fortschritt dar.[5] Der Triumph des fanatischen Individualismus und des Konkurrenzdenkens über den Geist der Solidarität, die Reduzierung des Menschen auf seine Funktion als Warenproduzent und -konsument leiten einen Rückschritt der Kultur ein. Es gibt Grundsätze, bei denen ein Kompromiß nicht möglich ist: der Anspruch aller auf Glück, die von allen Menschen gelebte Identität. Ich bin der andere, und der andere ist ich. Die Unmenschlichkeit, die sich gegen den anderen richtet, zerstört die Menschlichkeit in mir selbst.

J. Z.

Der Stand der Dinge

Se puede matar el hombre	»Man kann den Menschen töten
Pero no mataran la forma	Aber nicht die Art
En que se alegraba su alma	Wie seine Seel' sich freut
Cuando soñaba ser libre.	Wenn er davon träumt, frei zu sein.«

»Vas caminando sin huellas«

Wer hat nicht – und dies ganz legitimerweise – die Nacht zum 9. November 1989 als den Beginn einer neuen Ära begrüßt? Aber als die Berliner Mauer fiel, wirbelte sie auch viel Staub auf, und der niederrieselnde Schutt hat das Seine zu der geistigen Verwirrung beigetragen, die am Ende unseres an großen Ereignissen wahrlich nicht armen Jahrtausends herrscht.

Ende des kalten Krieges, Ende der Geschichte, Ende der Ideologien – wenn nicht gar der Ideen –, Ende der Politik und der Gesellschaft ... Man weiß schon nicht mehr, welches Ende man bejubeln soll, als wäre von jetzt an selbst der bescheidenste Versuch eines Verstehens eine Totgeburt, wobei es sich von selbst versteht, daß im Kielwasser des abgewirtschafteten Kommunismus in Wirklichkeit davon die Rede ist, daß Marx und der Marxismus ein zweites Mal gestorben sind. Was soll man von diesem semantischen Wirrwarr halten, der nicht einmal die Entschuldigung des Barocken oder Romantischen vorbringen kann? »Marx liegt in den letzten Zügen« – so die Schlagzeile einer Genfer Tageszeitung, die in dieser gewählten Sprache den Fall der Mauer verkündet, der Schandmauer, des »Eisernen Vorhangs«, von dem das Echo widerhallt: »Ich bin ein Berliner«, des »Symbols des kalten Krieges und der Aufspaltung der Welt in zwei feindliche Blöcke«. Und die Presse in der Stadt Calvins ist keine Ausnahme: die meisten Medien stellen eine direkte

Verbindung zwischen dem Ende von Jalta und dem Ende dessen her, was man inzwischen als »marxistische Ideologie« zu bezeichnen pflegt. Auf den Titelseiten wetteifert man mit Vergleichen, Metaphern und großen Worten, um die Leser davon zu überzeugen, daß der »Rauschebart aus Trier« diesmal endgültig tot ist, wirklich und wahrhaftig tot, zermalmt von einer atemberaubend beschleunigten Geschichte.

Die Zeitungen werden geradezu – zwangsläufig – spannend, denn dies ist mit die beste Methode, um zu verstehen, wie unsere Gesellschaft ihre Vorurteile hervorbringt: augenscheinliche Gewißheiten werden ausgetauscht wie universale Wahrheiten, die indiskutabel, evident geworden sind.

Verführerische und quasi aus ihrem Wesen heraus einleuchtende, wenn nicht gar naturgegebene Evidenz ... Eine zweite, omnipräsente und aufdringliche Natur, die in Frage zu stellen, mit gewissem Abstand erneut zu betrachten unabdingbar ist.

Es geht darum, die fast permanente Vermengung von Natur und Geschichte zu entwirren, das Zeitgeschehen zu dechiffrieren, sich des *flair sémiologique*, des semiotischen Gespürs, eines Roland Barthes und Umberto Eco zu bedienen, das heißt, dort einen Sinn zu erkennen suchen, wo es nur eine Anhäufung zufälliger Tatsachen zu geben scheint, kurz: von den Ereignissen abzurücken, um sie »sprechen« zu lassen, ohne sie jedoch im Namen einer anderen Wahrheit sprechen zu lassen, welche man nur zu enthüllen oder wie einen Vogel anzulocken brauchte. Noch kürzer und bündiger: wieder anzuknüpfen an eine bestimmte kritische Tradition.

Eben diese Tradition steht hier zur Debatte; aber einen Augenblick wollen wir noch in den Zeitungen blättern.

November 1990: Mehrere hunderttausend französische Gymnasiasten gehen auf die Straße. Einige Chaoten kommen aus den Vororten und plündern die Schaufenster. Der

Präsident der Republik empfängt die Gymnasiasten, die Forderungen in Milliardenhöhe stellen. Und nun der Kommentar der renommierten Wochenzeitung *Le Point*: »Wenn Frankreich heute in einer allgemeinen Krise steckt und das Bedürfnis verspürt, sich auf der Couch auszustrecken, um sich einer nationalen Psychoanalyse zu unterziehen, dann vor allem, weil es sich mehr als die anderen westlichen Staaten vom Marxismus beeinflussen ließ. Die Konfrontation rechts – links hat sich über das gewöhnliche Maß hinaus ausgeweitet. Von dieser Auseinandersetzung mitgerissen und verblendet, ist es uns nicht gelungen, irgendwelche Alternativen zu entwickeln. Ergebnis: der Zusammenbruch der Ostblockländer, den wir wie einen Sieg gefeiert haben, bedeckt uns mit seinem Staub und Schutt. Er besiegelt in gewissem Sinne auch eine Niederlage des französischen Denkens, das jetzt brutal ins Nichts gestoßen wird. Unsere Politiker wissen nicht mehr, gegen wen sie ankämpfen, unsere Intellektuellen nicht mehr, gegen wen sie andenken sollen.«

Man hätte den gleichen Sachverhalt auch anhand anderer Ereignisse veranschaulichen können, als wäre in dem Augenblick, in dem es zu Krisen kommt, zu Skandalen, sozialen Entladungen und internationalen Spannungen, das Infragestellen des Marxismus die beste Richtschnur, um mit allem Nachdruck behaupten zu können, daß man mit dem Fall der Mauer letztendlich den Sieg des Kapitalismus feiern darf.

Für die Gegner der Französischen Revolution waren Voltaire und Rousseau die Wurzel allen Übels – und heute ist Marx an allem schuld; eine verallgemeinerte Anklage, die von nun an das herrschende Vorurteil darstellt, ohne daß man es beim Namen nennt.

Eine neue Ideologie, eine nicht nur von den Zeitungen, sondern auch von der Mehrzahl der politischen Kräfte – einschließlich derer, für die der Marxismus einen verbindlichen Bezugspunkt darstellte – hervorgebrachte Ideologie.

Die in eine große Auseinandersetzung über ihr *ag-giornamento* verstrickten Sozialisten entfernen sich eben-falls von einem Bezugssystem, das irgendwie lästig geworden ist, gewissen Leuten sogar als unschicklich er-scheint.

In der Vorstandssitzung am 29. September 1990 schlägt der Nationalsekretär der Sozialistischen Partei Frank-reichs, zuständig für die Ausarbeitung des *Projet pour la France de l'an 2000* (»Projekts für Frankreich im Jahre 2000«), Michel Charzat, der Jean-Pierre Chevènement, dem führenden Kopf der angeblichen Linken der Soziali-stischen Partei, nahesteht, folgende Richtlinien für eine Grundsatzdebatte vor: »Die Geschichte hat sich wieder in Bewegung gesetzt. Die Ereignisse der letzten Monate strafen die deterministischen, liberalen und marxistischen Vorstellungen Lügen und rufen uns ins Gedächtnis zu-rück, daß unsere Epoche sich durch die Ökonomie allein nicht erklären läßt.«

Wenn man keinem der beiden, weder dem Liberalismus noch dem Marxismus – in diesem Zusammenhang als grob vereinfachender Ökonomismus betrachtet – recht gibt, führt dies unweigerlich zu Interpretationsschwierigkei-ten.

Um welchen Marxismus geht es denn überhaupt? Dies ist die – in diesem Stadium unserer Bestandsaufnahme allerdings noch verfrühte – Kernfrage. Eine undifferen-zierte Bestandsaufnahme, in der die gleichen Untertöne mitschwingen wie Ende August 1990 in Straßburg bei der Rückkehr der Freunde Michel Rocards auf die politische Bühne.

Patrick Viveret, ein junger Theoretiker der linken Intel-ligenz, wendet sich an die Diskussionsleiter des Clubs *Convaincre* (»Überzeugen«), eines dem Premierminister nahestehenden politischen Zirkels, und beruft sich sei-nerseits auf den großen Bruch mit dem Marxismus, so als übernähme die demokratische Linke postum die Ver-antwortung für sämtliche Perversionen des »wissenschaftlichen Sozialismus«. Die gleiche Atmosphäre herrscht auf dem Kongreß der spanischen Sozialistischen Arbeiterpartei, der vom 9. bis zum 11. November 1990 in Madrid stattfindet und auf dem ebenfalls die Abkehr vom Marxismus die Form einer Sühnezeremonie annimmt, wie um das Gedächtnis der südeuropäischen Linken endgültig von einem schändlichen Makel reinzuwaschen.

Viele deutsche Sozialdemokraten stimmen das gleiche Lied an wie ihre österreichischen Genossen und die britische Labour-Partei. Eine Verneinung, die durch keine wie auch immer geartete Erklärung von irgend jemandem oder irgend etwas, die Widerspruch wecken und überwunden werden müßte, begründet wird, sondern eine reine Negation ist, ein völliges »Auslöschen«, als hätte es die Philosophie von Karl Marx nie gegeben ... In gewissem Sinne erleidet er einen zweiten Tod, wird zerrissen von den unzähligen Dornenranken auf seinem Grabstein, auf dem dieser zweite Tod gnadenlos die Inschrift, selbst den Namen tilgt.

Paris, 23. Oktober 1990, 19 Uhr 29 geht folgende Agence-France-Presse-Meldung über den Ticker: »Der französische Philosoph Louis Althusser ist am Montag im Alter von 72 Jahren in der Klinik de la Verrière in Mesnil-Saint-Denis (einem Vorort von Paris) gestorben. Dies verlautete am Dienstag von der École normale supéricure (ENS), an der er lange unterrichtet hat. Der Philosoph war in erster Linie ein geistiger Vorkämpfer für die Erneuerung der marxistischen Ideologie.« Die Nachricht geht fast unbemerkt unter. Ein zweiter Tod, und ausgerechnet dieser. Ohne auch nur andeutungsweise auf seine intellektuelle Biographie einzugehen, erinnert uns die Zeitung *Libération* vom nächsten Tag sogleich daran, daß er es grundsätzlich ablehnte, Kinder in die Welt zu setzen, und daß er – er litt an einer manisch-depressiven Psychose – am 16. November 1980 seine Frau Hélène erwürgt hatte, ehe er in die psychiatrische Klinik Sainte-Anne gebracht wurde. Sein Schüler Nicolas Poulantzas hatte sich aus dem Fenster, der Linguist Michel Pécheux in die Seine gestürzt. Glücklicherweise haben Étienne Balibar und Pierre Macherey sich nicht entmutigen lassen. Kurz gesagt: Althusser in der Rubrik »Vermischtes« ...

Wieder einmal als einzige Zeitung und auch in diesem Fall durchaus eigenwillig erfüllt *Le Monde* ihren Informationsauftrag und veröffentlicht trotz allem einen Nachruf auf den »Kaiman«, das heißt den Verantwortlichen für den Fachbereich Philosophie an der ENS in der Rue d'Ulm, der »in der Nachfolge von Marx und Spinoza« stand. Christian Delacampagne: »Seine Hauptwerke verdienen – sieht man einmal von den Polemiken, zu denen sie immer wieder Anlaß gaben, und von der Tragödie im November 1980 ab, die durch nichts zu rechtfertigen ist, auch wenn Althusser selbst teuer dafür bezahlen mußte – nach wie vor unseren Respekt; weniger wegen ihrer immer noch anfechtbaren Schlußfolgerungen als vielmehr für den beispielhaften Mut und die intellektuelle Redlichkeit, die sie uns exemplarisch vorführen.«

Das ist alles, abgesehen von einem durchaus niveauvollen Nachruf, der sich zwischen einem Artikel über Thatcher und de Gaulle und einem anderen findet, der sich mit »dem Unternehmen auf der Suche nach sich selbst ...« befaßt. Und wo? In der erzreaktionären *Revue des deux mondes*. Man vermeint zu träumen! Als würden wieder einmal der Zusammenbruch des Kommunismus und die Widerlegung des praktizierten Marxismus logischerweise zur Folge haben, daß die Philosophie selber dem Vergessen anheimfällt.

Das erstaunt, ob man nun ein Anhänger Althussers ist oder nicht, und es erstaunt, unabhängig von jeder gefühlsmäßigen Anteilnahme (selbst wenn eine solche eine Rolle spielen sollte), aufgrund des Mangels an jeglichem Problembewußtsein, aufgrund der Verweigerung eines noch so geringen Erinnerns, das das schwarze Loch, das dieser Tod hinterläßt, notwendigerweise zur Folge haben müßte. Als würde die Tatsache, daß man sich nicht mit dem Philosophen auseinandersetzt, den winzigen Vorteil mit sich bringen, daß man sich auch mit seinem Denken nicht zu befassen braucht ... Eine ungerechtfertigte Personalisierung, die plötzlich unausweichlich geworden ist.

In einer anderen Weltgegend muß die Veröffentlichung von 130 Bänden des Gesamtwerks von Marx und Engels abgebrochen werden, da die notwendigen Mittel nicht zur Verfügung stehen; das verlautet aus Berlin, aus der Umgebung der Treuhandgesellschaft, die für die Privatisierung des Staatseigentums der ehemaligen DDR zuständig ist. 43 Bände sind bereits erschienen. Ein Gremium von Professoren, Forschern und verantwortlichen Politikern bemüht sich um eine Freigabe der Mittel: »Es ist notwendig, dieses Vorhaben zu Ende zu führen, denn die gegenwärtigen wie auch die kommenden Forschergenerationen brauchen die Gesamtausgabe, ob sie nun Marxisten, keine Marxisten oder Antimarxisten sind«, liest man in einem von diesem Gremium an die Treuhandgesellschaft gerichteten Schreiben.

Kurz gesagt: diese wenigen Presseausschnitte, bemerkenswerter Ausdruck des Tagesgeschehens, diese »Abenteuer« des Geistes führen uns, jedes auf seine Weise, den derzeitigen Stand des Denkens vor, die Zukunft, die ihm bevorsteht, und seine von den Theoretikern der Entzauberung, den neuen Bewunderern des Generals de Gaulle und anderen Wiederentdeckern derzeit abgeschaffte Umsetzung in die Praxis. Aus den Trümmern der Mauer keimte keine neue Idee, nichts ist daraus entsprungen als alte regionale, ethnische und religiöse Rivalitäten.

Welche Zukunft eröffnet sich dem Westen, welcher Horizont tut sich ihm auf? Es gibt zwingende Gründe, erneut eine minimale Reflexion auf sich zu nehmen, indem man von genau dieser Verbissenheit ausgeht, mit der wieder einmal der endgültige Tod von Karl Marx erklärt wird.

Einige solcher Gründe wollen wir im nächsten Kapitel an-
führen.

Den Chefredakteur einer amerikanischen Zeitung, die
irrtümlich sein Hinscheiden bekanntgegeben hatte, ließ
Mark Twain wissen, diese Nachricht sei doch *sehr über-
trieben* ...

I. Die Abenteuer der Vernunft

»Kommt Ihr zu dem lieben Nächsten
Kommt mit gut geschärften Äxten
Nicht entnervten Bibeltexten und Schnickschnack!
Wozu all der Predigtplunder?
Seht, die Äxte tuen Wunder
Und mitunter glaubt an Wunder der Azdak.
Siebenhundertzwanzig Tage
Maß er mit gefälschter Waage
Ihre Klage, und er sprach wie Pack zu Pack.
Auf dem Richterstuhl, den Balken
Über sich von einem Galgen
Teilte sein gezinktes Recht aus der Azdak.«

Bertolt Brecht
Der kaukasische Kreidekreis

1. Was bleibt, wenn alles vergessen ist

»Die aber unten sind, werden unten gehalten
Damit die oben sind, oben bleiben.
Und der Oberen Niedrigkeit ist ohne Maß

Und auch wenn sie besser werden, so hülfe es
Doch nichts, denn ohnegleichen ist
Das System, das sie gemacht haben:
Ausbeutung und Unordnung, tierisch und also
Unverständlich.«

Bertolt Brecht
Die heilige Johanna der Schlachthöfe

Gegen Ende seines Lebens hat der »Mohr«* vehement Hegel verteidigt, der von der herrschenden Intelligenz als »überlebt« abgetan wurde.

Heute ist die Verteidigung von Marx – so, wie er selber für den »überlebten« Idealismus eingetreten ist – einer der kategorischen Imperative unserer Zeit. Wir wollen eine Verteidigung vorbringen, die sich weder auf nostalgische noch auf rein gefühlsmäßige Gründe stützt, sondern eine Verteidigung, die sich vor allem auf drei Ebenen der Notwendigkeit gründet. Die erste gibt an, auf welche Weise zahlreiche zentrale Elemente des Denkens von Marx wichtige, vitale Artikulationen unserer derzeitigen ideologischen Grammatik darstellen.

Die zweite beschreibt den inneren Zusammenhang und die Verkettung verschiedener Phasen des abendländischen

---

* wie Jenny von Westphalen ihren Mann liebevoll nannte. Zeit seines Lebens von einem Leberleiden geplagt, hatte Karl Marx die gelblich-dunkle Gesichtsfarbe, die mit dieser Krankheit einhergeht.

Gedächtnisses in seinen ureigenen Verknüpfungen und Herleitungen.

Wir schreiben ganz bewußt »Gedächtnis« und nicht »Geschichte«, da dieser Begriff linear und allzusehr mit endlosen, nachgerade beschwörenden Rechtfertigungen überfrachtet ist.

Schließlich eine dritte Ebene der Notwendigkeit, die ganz gewiß streckenweise mit den beiden vorhergehenden zusammenhängt und noch eindeutiger unsere Fähigkeit mobilisiert, uns aufzulehnen – so hätte Sartre es formuliert –, unsere Realität zu verstehen, ja sogar sie zu verändern.

Ob man den Marxismus als Realität akzeptiert oder ihn schlichtweg negiert, hat nach wie vor sehr viel damit zu tun, ob man eine Veränderung will oder nicht. Und würde nicht, in seinem Kielwasser, der Tod von Marx rückwirkend auch den Tod anderer – denken wir nur an Rimbaud und andere Kämpfer unter dem Banner: »Das Leben verändern« – oder, bescheidener, das Ende einer aktiven Betätigung als Staatsbürger, ja sogar jeglicher Teilnahme am sozialen Leben nach sich ziehen?

Sind Sie Marxist?

Eine solche Formulierung zurückzuweisen ist nicht eine lediglich negative Aussage; sie beinhaltet ganz im Gegenteil, daß man keiner der beiden Seiten recht gibt, weder, um es verkürzt zu formulieren, den Scholastikern noch den Positivisten. Wir wollen das näher erklären. Jahrzehntelang haben die Vertreter des »Vulgärmarxismus« die Marxsche Theorie unter dem Gesichtspunkt des Seins gelesen, kommentiert und vertreten. Im Frankreich der unmittelbaren Nachkriegszeit war man – und das galt vom Establishment der Universitäten bis hin zu den verschiedensten kulturellen und künstlerischen Zirkeln – Marxist, so, wie man im Saint-Germain-des-Prés der Befreiung Existentialist war. Nicht ein einziger Satz des Werkes von Marx, der nicht einer kleinlichen »Auslegung« unterzogen wurde: die spezialisierte Exegese und Hermeneutik standen in voller Blüte; auch die französische Kommunistische Partei und ihre sogenannten Weggefährten* erfreuten sich großer Wertschätzung.

Zwar mußte letztere im Verlauf der Ereignisse im Mai '68 einige Federn lassen, aber der Marxismus als in diesen Kreisen dominierende Ideologie hat das verkraftet, auch wenn sich bei dieser Gelegenheit die »Humanisten«, die gerade Gramsci entdeckten, kompromißlos gegen die Wissenschaftgläubigkeit der Althusserianer wandten.

Diese *disputationes*, die sich selten auf soziale und politische Praxis gründeten, sind oft in Streitereien wahrhaft byzantinischen Ausmaßes ausgeartet, was Raymond Aron dazu bewog, in seinem *Opium des intellectuels*[6] – nicht ganz unberechtigt – das Ende des Zeitalters der Ideologien vorherzusagen; es handelt sich um eine scharfsichtige Analyse der Sitten und Gebräuche, die damals auf dem »Planeten Marx« herrschten, wo man ausschließlich damit beschäftigt war, die Intentionen des »Rauschebarts« immer wieder neu zu interpretieren, wie es die Scholastiker jahrhundertelang mit dem Denken des Aristoteles praktiziert hatten.

Aber auf diesem im übrigen sehr sympathischen Planeten hat nicht alles nur negative Auswirkungen. Die in so verschiedene Richtungen wie Linguistik, Ethnologie oder Psychologie vorangetriebenen strukturalistischen Untersuchungen haben dazu beigetragen, daß das marxistische Gedankengut in allen Bereichen verstärkt zur Anwendung gelangte, und zwar durchaus mit positiven Ergebnissen und entsprechend den einem wirklichen Arbeitsprozeß eigenen Zweckmäßigkeiten.

---

* »Weggefährten« *(compagnons de route)* hießen jene französischen Intellektuellen, die zwar nicht Mitglied der KP und nicht deren eiserner Disziplin unterworfen waren, aber bei jeder Gelegenheit die KP-Linie blind verteidigt hatten.

In der Tat erlebten die Sozialwissenschaften einen dauerhaften Aufschwung in dem uns bekannten Ausmaß, indem sie sich großzügig aus dem Fundus der Begriffe und Methoden des marxistischen Denkens bedienten.

Indem sie jedoch völlig unüberlegt die Mehrzahl der Gegenstände und Verfahrensweisen unseres kulturellen Universums »marxisierten«, haben diese Schriftgelehrten enorm zu der heutigen Ablehnung des Marxismus beigetragen.

Und eben weil man stalinistisch, maoistisch[7] oder sonstwas war und weil man sich so sehr getäuscht hat, dies aber erkennt und diese Erkenntnis ohne Unterlaß (und zwar mit Vorliebe unaufgefordert) immer und immer wieder beteuert, befindet man sich heutzutage gezwungenermaßen in vollkommener Übereinstimmung mit der Wahrheit des Zeitgeistes.

Hier beherrscht die Formulierung das Feld: »Der Marxismus ist überholt.« Überholt von was? Und warum? Wir warten auf die Antwort ... Da es oft ganz sinnvoll ist, die Worte in ihrer Grundbedeutung zu betrachten, wollen wir uns kurz überlegen, was »überholt« heißt.

»Überholt« bezeichnet etwas Archaisches, als würden sich, aufgrund eines unausweichlichen Evolutionismus, die Theorien wie Spezies verändern. Nach dem Vorbild bestimmter industrieller Maschinenparks, die, bedingt durch den technischen Fortschritt, veraltet sind, wäre der Marxismus infolge »neuer« Produktionsmittel besserer Qualität oder größerer Rentabilität nicht mehr zeitgemäß.

Nicht nur sind diese dogmatischen Marx-Kritiker der Meinung, daß die Geschichte der Ideen kontinuierlich verläuft, so, wie man einen Stoffballen entrollt; sie glauben vor allem auch, daß sich in dieser »Überholung« ein Fortschritt realisiert, ein »Darüber-Hinauswachsen« in dem Sinne, wie Flaubert schreibt: »Hätte er über diese Gabe verfügt, dann hätte Victor Hugo Shakespeare überflügelt ...«

Aber kommen wir zu den drei Ebenen der Notwendigkeit zurück, auf denen eine operationale Verteidigung des Marxismus Fuß fassen kann. Die erste hält fest, was vom marxistischen Denken geblieben ist. Es ist hier nicht der Ort, in allen Einzelheiten die Schriften zu erforschen oder die ausgezeichneten Handbücher zu dieser Frage – darunter *La Pensée de Karl Marx* von Jean-Yves Calvez[8] oder beispielsweise die Arbeiten von Henri Lefèbvre – umzuschreiben. Es ist das Verdienst von Louis Althusser, daß er ganz klar gezeigt hat, in welchem Maße der Marxismus sich in erster Linie als kritische Philosophie darstellt: kritisch in bezug auf den deutschen Idealismus, kritisch in bezug auf die Ideologisierung allgemein, kritisch aber vor allem in bezug auf die englische Gesellschaft zu Beginn des 19. Jahrhunderts, in der Blütezeit der Industrialisierung. Keine Spur also von einer Theorie der Planwirtschaft und ebensowenig von einer Staatstheorie. Der Marxismus ist kein Ökonomismus und noch viel weniger eine festgeschriebene Konzeption des proletarischen Staates. Für die zeitgenössischen Massenmedien sind Marxismus, Leninismus, Kommunismus und Sozialismus identisch. Es ist daher alles andere als erstaunlich, daß man so leicht vom Fall der Berliner Mauer zur Agonie eines Denkens übergeht. Jenseits dieser Verwirrung bleibt bestehen, was Jean-Yves Calvez als einen »gewissen Realismus bei Marx« bezeichnet: Der Mensch ist das »Universum Mensch«, so der Verfasser des *Kapitals*. Noch heute, selbst nach dem Fall der Mauer, ist es kaum möglich, diese oder jene menschliche Dimension außerhalb jeglichen »Eintauchens« in eine materielle Realität, außerhalb jeglicher sozialen Einbindung zu begreifen.

In dieser Zeit der ideologischen Leere ist es nach wie vor wichtig, sich daran zu erinnern, daß dem Geist, der Seele und überhaupt jeder absoluten Transzendenz eine von jedem physikalischen, sozialen und linguistischen Körper losgelöste Existenz ziemlich schwerfallen dürfte. Denn von nichts kommt nichts ... Diese obligate Einschränkung ergibt sich ganz offensichtlich aus der gesamten materialistischen Tradition, aber keiner der Vorläufer Marx' hat die Einbeziehung des Menschen in seine Arbeits-, Konsum- und Regenerationsprozesse so radikal aufgedeckt wie er.

Wie sollte man, ohne nun die nie zu Ende geführte Diskussion zwischen dem »jungen Marx« und dem Marx des *Kapitals* endgültig abschließen zu wollen, übersehen, in welchem Maße das Konzept der *Entfremdung*, von dem ausgehend sich der so wertvolle Beitrag der Frankfurter Schule entwickelte, heute vielfältige Formen und neue Ungleichheiten der Arbeitswelt in ein unbarmherziges Licht rückt? Jean-Yves Calvez: »Marx hat ein genaues Gespür für die Entfremdung, das heißt für die Gefahr, daß die Menschen sich in den und durch die Werke, mit deren Hilfe sie sich zu verwirklichen trachten, selber verlieren oder verraten. Das bezieht sich gleichermaßen auf die Produkte ihrer Arbeit und ihres Verstandes wie auf die ›Produkte‹ der Wissenschaft und letztlich auf die Strukturen, die sie erarbeiten. So viele Dinge, anhand deren sie sich verwirklichen, bergen jedoch die Gefahr, sich gegen sie zu wenden, zu einer Entfremdung, einem Verlust ihrer selbst zu führen. Die konkrete Geschichte setzt sich daher immer aus Widersprüchen oder möglichen Widersprüchen zusammen; sie ist folglich in einem ganz anderen Sinne »dialektisch« – das ist wahr – als dem allzu eindeutig optimistischen und fortschrittsgläubigen, den der derzeit gängige Marxismus beibehalten hat. Dieses Konzept der Entfremdung bleibt ›wertvoll‹.«[9]

André Gorz, der nach seinem Bruch mit dem »gängigen Marxismus« einen authentisch marxistischen Gedankengang aufgreift und fortführt, ist zum großen Kartographen der modernen Umverteilung und der neuen Erscheinungsformen der Entfremdung geworden; er verfolgt ihre neuartigen Mechanismen, die fortwährenden Veränderungen und den ganzen Rattenschwanz der daraus resultierenden Machtverhältnisse und sozialen Ungerechtigkeiten.

Leider ist die Geschichte mit dem Fall der Berliner Mauer nicht stehengeblieben, und ebensowenig darf man in dem Versuch nachlassen, sie zu verstehen. Selbst wenn die enge Verquickung zwischen dem Menschlichen und dem Sozialen von gewissen Leuten bis zu einem mechanistischen und absoluten Determinismus getrieben wurde, der für das Subjekt keinen Raum mehr läßt, wird der marxistische Beitrag, dank dem man genauer das Angeborene von dem Erworbenen unterscheiden kann, künftig einen wesentlichen Bestandteil unseres modernen Denkens bilden.

Genauer gesagt: dadurch, daß es den ökonomischen Mechanismen besondere Aufmerksamkeit schenkt, geht das marxistische Denken über die Untersuchung der einfachen Arbeitsbeziehung, über die einseitige Gegenüberstellung Arbeit – Kapital hinaus, um der Komplexität von Strukturen der Akkumulation und der Umverteilung des Kapitals nachzuspüren.

Wie will man heute zum Beispiel ein modernes Steuerwesen gedanklich durchspielen, geschweige denn eine durchgehende Steuerreform bewältigen, ohne den Stand der Dinge, insbesondere die Eigentumsverhältnisse, exakt zu vermessen und einzuschätzen? Indem der Marxismus der politischen Aktivität jegliche Selbstgenügsamkeit abspricht, trägt er wesentlich zu der Einsicht bei, daß »Politik zu machen« kaum möglich ist, ohne die lokalen wie auch die globalen ökonomischen Zwänge zu berücksichtigen.

Welcher ernst zu nehmende Politiker – abgesehen von ein paar Ultraliberalen – kann heute noch leugnen, daß sich die politische Macht, der Staat, aus der wirtschaftlichen Macht herleitet, auf ihr fußt? Und, umgekehrt, wer glaubt heute noch, der Staat dürfe nicht in das wirtschaftliche Leben eingreifen? Ist es nicht paradox – wenn nicht gar grotesk –, daß ausgerechnet die politisch liberalsten Länder wie beispielsweise England unter Margaret Thatcher in der angewandten Forschung oder bei der Eroberung neuer Außenhandelsmärkte den ausgeprägtesten Interventionismus praktizierten?

Schließlich gilt es, um nur diejenigen Perspektiven aufzudecken, denen hinsichtlich einer aktuellen Verteidigung die unmittelbarste Bedeutung zukommt, ein Vorurteil auszuräumen, das die angebliche kollektivistische Verirrung des Marxschen Denkens betrifft. Auch hier muß man, will man eine kurze und schematische Aussage treffen und gleichzeitig peinliche Verkürzungen vermeiden, noch einmal mit aller Deutlichkeit wiederholen, daß Karl Marx zeitlebens das Etikett »marxistisch« abgelehnt hat und daß man von seinem Gedankengut nur im Plural sprechen kann. Wie schon erwähnt, hat zwar Louis Althusser eine Lektüre des *Kapitals* auf Kosten der Schriften eines weit mehr am Menschen orientierten jungen Marx vorgezogen. Hingegen hat Henri Lefèbvre sein Leben lang leidenschaftlich einen auf das Individuum ausgerichteten Marxismus verteidigt, der im Dienste der Befreiung der durch die Strukturen der ökonomischen, politischen und anderweitigen Herrschaft »entfremdeten« Individuen steht.

Wie auch immer die Interpretation des »Klassenkampfes« und seine historische Umsetzung in die Praxis bei Lenin oder anderen ausgesehen haben, bezeichnend ist, daß das marxistische Denken in dem einen oder anderen Augenblick als der »Königsweg« einer notwendigen Rückeroberung der Würde des Menschen erscheint. In der Tat, welche andere Philosophie außer dem Marxismus ist in diesem steten Bemühen um die Selbstvervollkommnung eines jeden einzelnen Individuums so weit gegangen?

»Das natürliche Recht zu sein« behaupten, um eine Formulierung Spinozas aufzugreifen. Die *Thesen über Feuerbach* gipfeln in einer Losung: »Die Philosophen haben die Welt nur verschieden interpretiert, es kömmt drauf an, sie zu verändern.«[10] Wiederum ist diese Parole

54

kein Programm. Sie eröffnet eine Perspektive, eine Fluchtlinie, um sich aus der gegenwärtigen Entfremdung zu befreien, ohne jedoch die Modalitäten festzulegen.

Dennoch, klarer und eindeutiger kann man es nicht formulieren: »Verändert die Welt.« Welche Prägnanz und welches Vermächtnis!

Es ist Sache jener Individuen, die zur eigenen Geschichte Stellung nehmen, die Bedingungen dafür festzulegen. 1921 haben auf dem Kongreß von Tours diejenigen, aus denen später die Kommunisten werden sollten, für einen revolutionären Bruch optiert, während die Freunde Léon Blums sich für den parlamentarischen Kampf, die »Zusammenarbeit der Klassen«, letztlich also für den Reformismus, entschieden. Aber das ist eine andere Geschichte ...

Als letztes, um zusammenzufassen: Der Marxismus ist eine radikale Kritik des Kapitalismus, eine umfassende und strukturelle Kritik. Den Begriff »radikal« verwendet Marx immer im etymologischen Sinn: radikal – vom lateinischen *radix* – heißt, an die Wurzel eines Tatbestands gehen. Wie könnte man auch bei dieser Frage nicht auf den universalen Zusammenhang abzielen, auf das Eine, in völliger Übereinstimmung mit dem, das zu erreichen das abendländische Denken seit seinen ersten schüchternen Gehversuchen im Griechenland der Antike bis in unsere Zeit sich bemüht. Und wie könnte man, dieses eine Mal, nicht Lucien Sève zustimmen, wenn er sagt, es sei kaum möglich, das Denken von Marx zu einer angewandten Theorie der Überwindung der Widersprüche des Kapitalismus auszubauen, »daß es aber unersetzlich bleibt, um auf kritische Weise diese Widersprüche zu verstehen«[11]?

Mit einer unerhörten Beharrlichkeit läßt Marx nicht nach zu erwägen und zu erklären, daß die ungehemmte und unkontrollierte Akkumulation von Kapital sich schließlich als Katastrophe herausstellt (und leider ist auch dies historisch nachzuweisen). Dergestalt sich selbst überlassen, werden die Mechanismen des Marktes am Ende zwangsläufig die einen auf Kosten der anderen begünstigen und auf diese Weise eine Mauer errichten, die ebenso schändlich ist, wie die in Berlin es war, eine Mauer zwischen den Herrschenden und den Beherrschten. Eine Mauer, die mitnichten kurz vor dem Zusammenbruch steht und uns systematisch ihre unerbittliche Aktualität ins Gedächtnis ruft, hier und jetzt, im Schoße unserer entwickelten Gesellschaften wie auch in deren Verhältnis zur dritten Welt.

Marktwirtschaft und Kapitalismus sind keineswegs identisch. Man kann durchaus den Markt als nötigen Regulator des Wirtschaftsgeschehens anerkennen, ohne gleichzeitig die Grundwerte der kapitalistischen Produktionsweise zu ratifizieren.

Marx hat die ökonomische Funktion des Marktes erkannt. Den Kapitalismus – als Wertsystem, als historisches Projekt – bekämpfte er vehement. Dessen »Werten« – Profitmaximierung, unbeschränkte Mehrwertakkumulation, endlose Expansion auf Kosten der Natur, des Menschen etc. – setzte er Alternativwerte entgegen: Recht auf Arbeit, Sicherheit, Glück; gerechte Güterverteilung, Abschaffung der Lohnarbeit, der Arbeitsteilung, aller Zwangsapparate (allen voran des Staats).

Kurz gesagt: die kapitalistischen Abhängigkeits-, Unterdrückungs- und Ausbeutungsbeziehungen (zwischen den Menschen, den Völkern) will er durch Beziehungen der Reziprozität und der Komplementarität ersetzen.

2. Wer hat Angst vor der Philosophie?

»Keinen verderben zu lassen, auch nicht sich selber
Jeden mit Glück erfüllen, auch sich, das ist gut.«

Bertolt Brecht
Der gute Mensch von Sezuan

Was bleibt, wenn alles vergessen ist? Kurz und bündig auf eine Formel gebracht: ein Denken im Plural, vielgestaltig und offen.

Wenn wir uns an diesem Punkt wieder unserer Bestandsaufnahme zuwenden, können wir, um uns weiterhin »kurz zu fassen«, eine Arbeitshypothese wagen, genauer gesagt: eine Unterteilung des Marxschen Denkens in einzelne Teilbereiche. Es gibt, wie der Philosoph Dominique Antoine Grisoni[12] richtig feststellt, vier Teilbereiche des Marxismus, vier verschiedene Erscheinungsformen des Marxschen Denkens.

Ein erster im wesentlichen politischer, ein zweiter ökonomischer, ein dritter philosophischer Art und schließlich – im Grenzbereich zwischen dem vorhergehenden und einer Ethik in statu nascendi, die noch konkreter auszuarbeiten bleibt – ein sogenannter *Marxismus des Widerstands*. Der erste Teilbereich, Marx' politische Theorie, ist schwer abzugrenzen und zu definieren. Es gibt keine kohärente Staatstheorie, keine Darstellung, wie politische Macht zu erringen ist, wie Parteien entstehen und warum diese oder jene Bewegung solche oder andere Kommandostrukturen hervorbringt. Marx hat eine Reihe politischer Thesen im weitesten Sinn aufgestellt. Sie sind über sein ganzes, eindrucksvolles Werk verstreut.

In Marx' Werk gibt es keinen Tractatus politicus, keine Lehre über den Staat, die Strategie des politischen Kampfes, die Taktik der Machtergreifung oder der Machtausübung.

Marx läßt den Sinn der Geschichte mit der messianischen Höherentwicklung des Proletariats, die zwangsläufig durch das Wirken des Kapitalismus selbst ausgelöst wird, in eins fallen; Marx beschreibt die »Kommunisten« als die aufgeklärte Avantgarde des Proletariats, als die Elite des Proletariats (*Kommunistisches Manifest*, 1848). Marx erhebt den Anspruch, eine »Wissenschaft des Sozialen« zu entwickeln, die, getreu der herrschenden Epistemologie seiner Zeit, mit den Naturwissenschaften identisch ist. Ohne, wie gesagt, ein genau ausgearbeitetes und starres Programm zu entwerfen, verkündet Marx eine Reihe heute recht banal anmutender Maßnahmen: »Expropriation des Grundeigentums und Verwendung der Grundrente zu Staatsausgaben (...) Zentralisation des Transportwesens in den Händen des Staates. Vermehrung der Nationalfabriken (...).«[13]

Im Bereich der Politik haben die Leninisten Marx am schändlichsten mißbraucht. Ihren Staatsstreich, den Aufbau eines auf Geheimpolizei, Zensur und Zwangsarbeit gegründeten totalitären Staatsapparats haben sie »marxistisch« legitimiert. Diese Lüge ist hoffentlich unter den Trümmern der Berliner Mauer endgültig begraben worden ..., wenngleich die Winkelzüge der Geschichte Prognosen in der Regel Hohn sprechen. Trotz Alexander Solschenizyns *Archipel Gulag* wird man wohl nie jenen bürokratischen Irrsinn erschöpfend beschreiben können, jene Maschinerie, die dazu diente, die Geständnisse totaler Verleugnung zu produzieren. Der »marxistisch« verkleidete totalitäre Staat ist die genaue Umkehrung dessen, was Karl Marx zeit seines Lebens wünschenswert erschien: die möglichst schnelle Beseitigung aller Zwänge, die Menschen über Menschen ausüben, allen voran das Absterben des Staates, jenes hochentwickelten, zentral durchorganisierten Zwangsapparats.

Zugegeben, viele von Marx' Vorschlägen zur politisch-ökonomischen Organisation muten heute archaisch an. Beispiel: die berühmt-berüchtigten *Nationalwerkstätten*.

Schlecht gelaunte Kommentatoren wollen darin die Keimzelle der sowjetischen Mammutfabriken, der Kombinate, erkennen, in denen Arbeiterheere Tag und Nacht für einen Hungerlohn schuften. Irrtum! Marx' Vision war eine andere: die Nationalwerkstätten waren für ihn das unumgängliche Mittel gegen die verheerende Arbeitslosigkeit seiner Zeit, in der zweiten Hälfte des 19. Jahrhunderts Synonym für den Zerfall der Familien, für Alkoholismus, Prostitution, Verzweiflung, Elend in den Industriestaaten. Die Nationalwerkstätten sollten das *Recht auf Arbeit* garantieren und konkretisieren. Praktisch alle Arbeitervereine des aufkommenden Industriezeitalters riefen nach diesem Recht. Die Errichtung von Nationalwerkstätten war eine der Hauptforderungen der blutig niedergeschlagenen Pariser Arbeiterrevolution von 1848.

Heute wird das hochindustrialisierte Europa wiederum von Massenarbeitslosigkeit heimgesucht (über 15 Millionen Arbeitslose in EG und EWR). In Deutschland, Frankreich etc. kommt es zur Zwei-Drittel-Gesellschaft. Die gegenwärtige Arbeitslosigkeit bringt zwar nicht mehr Hunger und Elend mit sich, entwürdigend und psychisch zerstörerisch ist sie trotzdem. Sie steigt mit zunehmender Rationalisierung des Arbeitsprozesses.

Die Marxsche Forderung nach Recht auf Arbeit ist aktueller denn je. Wie dieses elementare Menschenrecht heute konkretisiert werden kann (Umverteilung der vorhandenen Arbeit, Neuordnung der Arbeitszeit etc.), bleibt der demokratischen Entscheidung vorbehalten. Sicher sind Nationalwerkstätten keine zeitgemäße Lösung. Der zentrale Wert aber, das von Marx zutage geförderte Menschenrecht, bleibt.

Der im zweiten Teilbereich seines Werkes aufgestellten Forderung war auch nicht mehr Erfolg beschieden. In seiner Wirtschaftstheorie stellt Marx den Gebrauchswert dem Warenwert entgegen, er prangert die Entfremdung des Menschen durch die Lohnknechtschaft an, kurz: er formuliert eine radikale Kritik des kapitalistischen Produktionsprozesses. Daraus haben die Leninisten völlig widersinnig das Dogma der starren Planwirtschaft abgeleitet. Die Planwirtschaften haben ihre Unfähigkeit, die sich wandelnden Bedürfnisse zu befriedigen, unter Beweis gestellt, im Inneren ebenso wie im Rahmen des internationalen Handels; allzuoft haben sie lediglich Knappheit und Mangel verwaltet. Das konnte man in allen Ländern Osteuropas einschließlich der Sowjetunion wie auch in Kuba feststellen, das zur Zeit eine Art ökonomischer Apartheid praktiziert, und zwar zwischen dem System der *libreta* einerseits (Bezugsscheine für notwendige Produkte wie Kleidung, Schuhe und andere Konsumgüter, die der tagtäglichen Existenzsicherung dienen; eine solche Karte muß jeder Bürger Kubas haben) und den *tiendas* andererseits, staatlichen Läden, die der *Cubatur* unterstehen (der zentralen Tourismusorganisation); sie sind ausschließlich für Touristen reserviert, und man bezahlt dort mit Dollars.

Ein System mit zweierlei Gangarten, das ganz offensichtlich eine parallellaufende Wirtschaft ungerechtfertigter Bevorzugungen und offiziell eingestandener Korruption zugunsten der lokalen Nomenklatura hervorbringt. Das heißt nichts anderes, als daß es diesem kubanischen »realen Sozialismus« immer schwerer fallen wird, den Leuten weiterhin etwas vorzumachen und das schier unermeßliche Fiasko zu verheimlichen ...

Die dritte Erscheinungsform des Marxismus führt uns zu den allerersten Prämissen zurück, nämlich zu einer fast kantischen Philosophenwette: jener der Kritik der Industriegesellschaft. Hier rührt man an die eigentlichen Grundlagen des Marxschen Denkens, an seine Entstehung und seine Bestätigung als Denken, das untrennbar mit einem ganz bestimmten Abenteuer der abendländischen Vernunft verbunden ist.

Selbst wenn es mittlerweile fast ungehörig und mit Sicherheit anachronistisch ist, Philosophie zu »betreiben«, da diese Beschäftigung schon seit Ewigkeiten keine wie auch immer geartete Verbindung zum Gesellschaftlichen mehr zustande bringt, muß die Verteidigung des Marxismus genau hier, im Bereich der Philosophie, weitergeführt werden. Selbst wenn man das nur zu gerne vergessen hat (ein Vergessen, das einer Beleidigung der Zeit gleichkommt): Marx hat als Philosoph begonnen.

Wir bestehen darauf: das Denken von Karl Marx ist in erster Linie eine Philosophie, das heißt ein System von Begriffen, das eine bestimmte Lesart der Welt, eine Entschlüsselung, ein besseres Verständnis der unmittelbaren und wahrnehmbaren Wirklichkeit ermöglicht.

Wohlgemerkt, zwischen Marx, Stalin, Mao und Pol Pot besteht ein formeller Zusammenhang, weil sich diese Leute in ihrer politischen Praxis, in ihren ideologischen Aussagen auf Marx berufen. Aber den stalinistischen, maoistischen, kambodschanischen Irrsinn zum Vorwand zu nehmen, um Marx den Rücken zu kehren, ist kindisch.

Es stellt sich die allgemeine Frage: Wie will man alle Auswirkungen vorhersehen, alle Veränderungen und neuen Auslegungen oder Perversionen, denen eine Philosophie während ihrer Verwirklichung in einem bestimmten raumzeitlichen Rahmen ausgesetzt ist? Soll man sich weigern, die Dialoge von Platon zu lesen, weil seine *Politeia* im Keim die theoretischen Grundlagen des Gulag in sich trägt wie die Puppe den Schmetterling? Darf man Nietzsche nicht mehr lesen, weil sein *Zarathustra* ein Vorbild für die nazistische Herrenrasse liefert?

Genauer noch: verbieten uns die mittlerweile offensichtlichen Sympathien Martin Heideggers für das Dritte Reich endgültig die Lektüre von *Sein und Zeit, Über den Humanismus* oder *Holzwege*? Wir meinen: nein. Alle diese »Abenteuer« der Vernunft stellen in verschiedenen Phasen unseres Gedächtnisses ein Erbe dar, mit dem man sich immer wieder auseinandersetzen muß. Denn wie könnte man vorgeben, die Ideengeschichte des 20. Jahrhunderts zu verstehen, wenn man diesen oder jenen entscheidenden Wendepunkt unter dem Vorwand, er habe Entwicklungen und Folgeerscheinungen gezeigt, mit denen wir nichts zu tun haben wollen, einfach auslöscht?

Gleichwohl ist es legitim, die derzeitigen Erscheinungsformen (die praktischen, moralischen oder politischen Auswirkungen) eines früheren Denkens abzulehnen. Und ganz gewiß ist es möglich, diesen oder jenen ursächlichen Zusammenhang abzustreiten oder zu postulieren, aber es ist schwerlich möglich, sich eine Auseinandersetzung mit den wesentlichen Etappen unseres Gedächtnisses zu sparen. Eine Arbeit, die zwangsläufig erst im nachhinein geleistet werden kann, jedoch von den gegenwärtigen Fragestellungen nicht zu trennen ist: die Eule der Minerva setzt erst in der Dämmerung zu ihrem Flug an ... Das Verständnis, das die Vorbedingung jeglicher philosophischen Arbeit zu sein beansprucht, erwächst oft aus der Rekonstruktion eines möglichen Rückgriffs, der eine besondere Methode und spezifische Begriffe der ihm eigenen Denkweise wirksam werden läßt.

Warum ist die Geschichte der Philosophie in einem solchen Maße problematisch, daß man sich fragt, was die Philosophie aus ihrer Geschichte machen kann?

Offenbar verhält es sich deswegen so, weil jegliche philosophische Leistung, wie einflußreich sie in ihrer vorübergehenden Aktualität auch sein mag, nicht ewig einer – direkten oder indirekten – Erklärung durch anderes, ihr vorangegangenes Wissen ausweichen kann. Es ist sogar charakteristisch für ein lebendiges Denken, daß es sich mit dem auseinandersetzt, was sich in seinen Methoden und Schlußfolgerungen von ihm unterscheidet.

Gelegentlich überfrachtet mit Anspielungen, die man als schiere Gelehrsamkeit abtun könnte (denken wir nur an die Arbeiten von Michel Foucault), läßt jegliches philosophische Unternehmen mehr oder weniger explizit – und sogar durch Unterlassen – auf eine Erkenntnistheorie schließen. Es ist schlichtweg unmöglich, daß Theorie und selbst das Fehlen einer ausformulierten Theorie sich aufgrund ihrer jeweiligen Aussagen gebärden, als hätte es vor ihnen nie irgendwelche Erkenntnis gegeben.

Die metaphysischen Versuche, die angeblich eine radikale Abneigung gegenüber jeglicher Art von Erkenntnistheorie hegen, bleiben selber auf dramatische Weise in die schieren Worte der ihnen eigenen Ausformulierung verstrickt.

Die Tatsache, daß man ohne Sprache – ihrerseits eine Folge ihrer Geschichte – nicht auskommt, existierte vor allen kategorischen Versuchen, die ursprünglichen Grundlagen als solche, nicht im mindesten befleckt von den Verunreinigungen der Geschichte, zu erforschen.

Die Tatsache, daß man um das Marxsche Denken nicht herumkommt, mahnt uns noch in anderer Hinsicht zur Vorsicht: hinsichtlich der inneren, charakteristischen Logik der philosophischen Arbeit, die mit ihren Umwegen, Irrwegen und Fortschritten konfrontiert wird. Selbst wenn die Gedankenfolge hie und da durch knappe, zusammenfassende und schlagkräftige Formulierungen akzentuiert ist, dürfen diese uns gleichwohl nicht dazu verleiten, die Problematik des Ganzen auszuklammern, die der Untersuchung insgesamt zugrunde liegt.

Zudem ist es, will man durch eigene Überlegung zu einer eigenständigen Einschätzung des Denkens von Marx gelangen, notwendig, die Texte selber zu lesen, und sei es nur, um die eigene Stellungnahme auf eine unmittelbare Kenntnis aus erster Hand zu gründen. Das bedeutet wirkliche Arbeit, die sicherlich mühsamer ist als das Kolportieren von Vorurteilen, aufgeschnappter Ideen und eines vagen Wissens.

Diese Mahnung ist scheinbar eine Binsenweisheit. Dennoch macht unsere Zeit, die eine derartige Abneigung nicht nur gegen das marxistische Denken, sondern anscheinend gegen jegliches Denken entwickelt, diese Platitüde zu einem wahren Kernproblem. Die Gesamtheit unserer Repräsentations-, Informations- und Kommunikationssysteme, die Mediengesellschaft, der »moderne Leviathan«, zieht den Revolver, wenn es darum geht, eine Erkenntnis, die ihr zuwiderläuft, anzuerkennen.

Die marktgerechte Rationalität hat anscheinend die Verbreitung von Erkenntnissen, die anderen Inhalts sind als jene, die dem rigiden Kanon von Angebot und Nachfrage entsprechen, unmöglich gemacht. So als ginge es darum, jegliche Ausdrucksform, die sich von der derzeitigen ausschließlich quantitativen des Alltags unterscheidet, zu verbannen. Noch eine Binsenweisheit: es ist doch auffällig, daß Marx einer der am meisten kommentierten Autoren der gesamten Geschichte der Philosophie ist, während er einer der am wenigsten verstandenen Denker blieb, da man ihn nur selten im Original gelesen hat!

Es wäre also notwendig, erst einmal Marx zu *lesen*. Das kürzlich in Berlin gegründete Gremium, das sich für die Fortsetzung der Ausgabe von 130 Bänden der gesammelten Werke einsetzt, protestiert ganz zu Recht. »Es ist notwendig, dieses Vorhaben zu Ende zu führen, denn die gegenwärtigen wie auch die kommenden Forschergenerationen brauchen die Gesamtausgabe, ob sie nun Marxisten, keine Marxisten oder Antimarxisten sind.« In der Tat geht es, wie schon gesagt, nicht darum, ob man ein Anhänger der marxistischen Thesen ist oder nicht, als vielmehr darum, daß man eine bestimmte Arbeit zu Ende führt. Es geht darum zu wissen, ob eine Weiterführung dieser Arbeit heute möglich ist und welche Bedingungen erfüllt sein müssen, um Freiräume für eine Auseinandersetzung mit den Denkern der Vergangenheit zu schaffen. Der Philosophiehistoriker Richard Rotry sieht das ganz richtig: »Je verschiedener unsere Kanons sein werden – je mehr miteinander konkurrierende ›Geistesgeschichten‹ wir haben werden –, desto besser werden wir in der Lage sein, zunächst rational, dann historisch die Gedanken derjenigen Philosophen, die unseres Interesses würdig sind, zu rekonstruieren. Die Neigung, Doxographien zu verfassen, wird in dem Maße abnehmen, in dem dieser Wettstreit sich verstärkt, und darüber wird sich wohl niemand beklagen. Es ist kaum wahrscheinlich, daß dieser Wettstreit plötzlich aufhört, und solange er andauert, werden wir uns den Sinn für Gemeinsamkeit bewahren, den einzig ein leidenschaftlicher Dialog möglich macht.«[14]

Nicht nur das Denken von Marx steht hier zur Debatte. Es geht um viel mehr: um ein »Gedächtnis«, eine Geistesverfassung, ausgestattet mit dem Können und den entsprechenden Methoden, die heute ernsthaft bedroht sind. In dem Augenblick, als Marx es unternimmt, die Hegelsche Dialektik wieder auf die Füße zu stellen, bricht er mit dem Idealismus (dem Rückgrat der abendländischen Philosophie). Die nicht abgeschlossene Auseinandersetzung zwischen der materialistischen Tradition und dem Idealismus der großen jüdisch-christlichen Systeme erlebt in diesem bedeutenden Augenblick eine ihrer entscheidenden Krisen und steckt dadurch bislang unerschlossene Bereiche der menschlichen Erkenntnis ab. Soll man diesen Zeitabschnitt einer extremen Anspannung als eine Revolution, als einen epistemologischen Bruch bezeichnen? Das spielt keine Rolle, wenn man begriffen hat, in welchem Maße die Tatsache, daß man das Individuum von nun an aus seiner sozialen Eingebundenheit, seinem sozialen Sein heraus begreift, die sehr unterschiedlichen Ansätze all jener prägt, die die Kriterien des Verstehens des klassischen Idealismus weiterführen ...
  Es geht hier zugleich um die Lehren Feuerbachs und Hegels. Eine Untersuchung der *Phänomenologie des Geistes*, der *Encyklopädie* oder der *Grundlinien der Philosophie des Rechts* erfordert eine Auseinandersetzung mit dem Kantschen Idealismus der drei verschiedenen Kritiken. Und wie will man Immanuel Kant begreifen, wenn man die Denkweise der cartesianischen Theorie des

Subjekts und der Freiheit nicht in den Griff bekommt, die ihrerseits sehr gekonnt, more geometrico, aus der *Ethik* Spinozas abgeleitet ist?

Wer hat Angst vor der Philosophie? Diese Frage stellte sich Ende der siebziger Jahre der GREPH (*Groupe de recherche sur l'enseignement de la philosophie* = Forschungsgruppe zum Philosophieunterricht). Wir erinnern uns noch gut, mit welcher Entschlossenheit sich etwa 2000 Leute, und zwar nicht nur Professoren, Studenten und Forscher, am 16. und 17. Juni 1979 im Auditorium Maximum der Sorbonne zu den Generalständen der Philosophie einfanden.

Die im Verlauf dieser Versammlung zum Ausdruck gebrachten Befürchtungen betrafen die Möglichkeiten des Lehrens, der Forschung und der Ausbildung, die von der Universitätspolitik der damaligen Regierung Giscard d'Estaings gravierend beschnitten worden waren. »In wenigen Jahren wird es nicht einmal mehr Studenten geben, die irgendeinen Abschluß anstreben, ja nicht einmal mehr Schüler, die die Aufnahmeprüfung für Philosophie machen wollen«, warnte Vladimir Jankelevitch, überzeugt davon, das Vaterland befinde sich in Gefahr. »In dem Augenblick wird das Problem gelöst sein. Das Versiegen der Quelle – die Endlösung! Es wird gar nicht mehr nötig sein, die Philosophie, die am äußersten Rand des Verkümmerns angelangt ist, abzuschaffen ... Von der ehemaligen Abschlußklasse wird nur mehr ein armseliger, kleiner Rest übrigbleiben. Es wird keine Philosophie mehr geben, also auch keine Protestierer mehr, in den Fakultäten wird man nicht mehr jenen lärmenden Horden begegnen, die durch die Alpträume der Unternehmensleiter geistern. Die Direktoren der Unternehmen werden ruhig schlafen können.«

Heute schlafen sie nicht nur ruhig, sondern sie haben die französischen Universitäten finanziell von sich abhängig gemacht. Die Mehrheit der Studenten will weiter nichts als ebendiese Rolle spielen. Die von Vladimir Jankelevitch vorhergesagten Strategien haben nicht nur fast die gesamten Universitätslaufbahnen ausgedünnt, sondern die Gesamtheit der bürgerlichen Gesellschaft so konditioniert, daß ihr Herz im Rhythmus der Geldmacher schlägt. Der Philosoph Marx hätte den Äußerungen Jankelevitchs nur beipflichten können.

Zu seiner Zeit hat er ähnliche Perspektiven aufgezeigt: die Perspektiven eines gegenüber der Weltordnung entschieden kritischen Wissens ...

3. Das Versagen der Intellektuellen

*»Wirklich hilft und nichts gelte als ehrenhaft mehr, als was
Diese Welt endgültig ändert; sie braucht es.«*

Bertolt Brecht
Die heilige Johanna der Schlachthöfe

Die Weltordnung kritisieren ... Dies betrifft die vierte Erscheinungsform des Marxismus nach Dominique-Antoine Grisoni und unsere dritte Ebene der Notwendigkeit, die in der elften Feuerbach-These auf einen Nenner gebracht ist: »Die Philosophen haben die Welt nur verschieden interpretiert, es kömmt drauf an, sie zu verändern.«[15]

Jean-Paul Sartre verdanken wir die berühmte Formulierung: »Die marxistische Philosophie ist der unüberschreitbare Horizont unserer Zeit.« Der Autor von *Das Sein und das Nichts*[16] erklärte damit keineswegs, daß jetzt die Vernunft das Feld räumt, sondern erkennt dem Marxschen Denken den Status einer »fruchtbaren Arbeitshypothese« zu. Um es mit seinen Worten zu sagen: »Der radikalste Versuch, den historischen Prozeß in seiner Gesamtheit zu erfassen.« Diese Gesamtheit stellt eine wesentliche Vorgabe für die Philosophie der Freiheit dar, die Sartre entwickeln will, so als würde sie deren Umfeld, aber auch ihre Grenzen gewährleisten. Sogleich fügt er hinzu: »Denn ich halte die Ideologie der Existenz und ihre Methode des ›Verstehens‹ für eine Enklave im Marxismus selber, der sie hervorbringt und gleichzeitig ablehnt.«

Im Gegensatz zu der klassischen aristotelischen, von den Scholastikern bis zum Überdruß immer wieder umformulierten Ontologie ist Sartre der festen Überzeugung, die einzige mögliche Begründung für eine Ontologie der Existenz biete das cartesianische »Cogito« und die Bekräftigung seiner Handlungsfreiheit in der Welt.

In seiner Auseinandersetzung mit dem Marxismus findet er eine Art Leitplanke, die ihm dazu dient, jegliches

Wiederaufkommen des Idealismus zu verhindern und gleichzeitig dem offiziellen Marxismus der fünfziger Jahre gegenüber mißtrauisch zu bleiben, der auf das Vorbild der Naturwissenschaft fixiert war. Eine Fixierung, die in der Affäre Lyssenko und der erbärmlichen Debatte über die Konfrontation zwischen »bürgerlicher und proletarischer Wissenschaft« gipfeln sollte. Die Verantwortlichen der Partei warfen sich zu Hütern der Weisheit und Erzeugern der zulässigen und dem Funktionieren des totalitären Staats zuträglichen historischen Wahrheiten auf.

Sartres großes Projekt der *Kritik der dialektischen Vernunft* stellt sich ad hoc als ein Versuch dar, die Verbindungen des Marxismus zu einer aus einem anderen theoretischen Bereich entlehnten Wissenschaftsgläubigkeit sowie zu einer von vornherein bevorzugten Klasse, dem damals in der Sowjetunion und ihren Satelliten verkörperten Arbeiterstaat ... letztlich zum Kommunismus zu kappen.

In einem Interview, das er *Listy*, dem Wochenblatt des tschechoslowakischen Schriftstellerverbandes, im besetzten Prag gab und das in der Ausgabe vom 12. Dezember 1968 veröffentlicht wurde, erklärt Sartre, wie die Herstellung einer möglichen Komplementarität zwischen dem Existentialismus und dem Marxismus zu realisieren sei. Da der Text mittlerweile praktisch nirgendwo mehr aufzufinden ist, sei sie hier in vollem Wortlaut zitiert: »Die Theorie des historischen Realismus ist zwangsläufig eine Theorie der Passivität, wenn man den historischen Realismus als dasjenige Konzept auffaßt, das sich außerhalb des Willens ansiedelt. Es existiert keine ein für allemal gegebene historische Realität, und wir konnten in der Vergangenheit feststellen, daß es möglich ist, über eine ökonomische und soziale Situation hinauszuwachsen, daß es möglich ist, sie durch die Verneinung dessen, was ist, zu überwinden, um nach etwas anderem zu suchen. (...) Der Zustand der menschlichen Belange und Tatsachen, die wir als antriebslos bezeichnen könnten, ist eben nicht die

Realität. Das liefe in diesem Fall darauf hinaus, den Menschen als endgültig verloren zu betrachten. Das würde eine entmenschlichte Materialisierung bedeuten, und durch ebendiese würde die Objektivierung des Menschen sich gegen ihn selber wenden. (...) Geschichte hat sich nie durch das Akzeptieren der geschichtlichen Realität vollzogen. Ganz im Gegenteil: sie hat sich immer durch die Vermittlung von Leuten erfüllt, die ›nein‹ gesagt haben, und die nicht nur aus Gründen der Moral oder der Politik ›nein‹ gesagt haben, sondern weil sie eine bestimmte Situation nicht hinnehmen konnten und wollten.«

In dieser Hinsicht liefert der Marxismus, mit den Schwierigkeiten seiner Zeit konfrontiert, die Begriffe zu ihrem Verständnis und damit die Mittel zum Widerstand. Der alte Gisors, die zentrale Figur im Roman *So lebt der Mensch* von André Malraux bringt dies sehr klar zum Ausdruck: »Der Marxismus ist keine Doktrin, sondern ein Wille; er ist, für das Proletariat und dessen Freunde, für euch also, der Wille, sich als Klasse zu erkennen, als solche zu fühlen und zu siegen. Nicht um recht zu behalten, sollt ihr Marxisten sein, sondern um zu siegen, ohne Verrat an euch selbst zu üben.«[17] Der Marxismus des Widerstands kann sich nicht auf die klaren Vorgaben eines Programms oder eines Manifests beschränken, sei es nun kommunistisch oder was auch immer. Er umreißt vielmehr – gewiß etwas verschwommen – die Grundlagen für eine wahre soziale Ontologie, immer auf die Situation bezogen, im Rahmen eines sich verändernden Zeitgeschehens.

Ohne nun um jeden Preis die alten symbolischen Auseinandersetzungen um das »Engagement« des Intellektuellen wieder aufgreifen zu wollen, kann diese soziale Ontologie weniger marktschreierisch, dafür pragmatischer und alltäglicher werden. Wer entscheidet, ob sie derzeit aktuell oder ein Anachronismus ist? Was bestimmt, ob sie »operational« ist oder überholt? Was begründet ihre Angemessenheit oder Nichtangemessenheit

in bezug auf die Relevanz irgendeiner Aktion? Wir könnten am Beispiel der erwähnten Romanfigur aus *So lebt der
Mensch* die Macht eines Willens zeigen, der über sich
selber hinauswächst, um sich auf einen objektiveren, zu
einer Veränderung der Welt fähigen Willen einzulassen
und ihm zu entsprechen. Objekt der historischen Notwendigkeit, läßt Gisors sich auf die Möglichkeit ein, Subjekt dieser Notwendigkeit zu werden; nicht absolutes
Subjekt, sondern ein durch das Erfassen seiner Bedeutung
als Subjekt mehr oder weniger betroffenes Subjekt. Diese
Beharrlichkeit, ungesellige Geselligkeit, verflicht sich mit
anderen zu einer umfassenderen Betrachtungsweise der
Welt.

»Der Marxismus ist keine Doktrin, sondern ein Wille«,
der Wille, die Welt radikal zu verändern. Vor zwanzig
Jahren beschrieb diese Formel von Malraux beziehungs-
weise seines Gisors den unüberschreitbaren Horizont der
französischen Sozialistischen Partei, die aus dem Kongreß von Épinay im Jahre 1971 von Grund auf erneuert
hervorgegangen war.

Zehn Jahre lang symbolisierte diese Formel phanta-
stisch das »Nein«, das die PS (*Parti socialiste* = Sozialistische Partei) unablässig der Realität einer Gesellschaft
entgegenschleuderte, die in ihren Ungleichheiten und
Ungerechtigkeiten erstarrt war. Schließlich besiegte
sie die Reaktion und wurde Regierungspartei. Negation der Negation, aus dem »Nein-Sagen« wurde ein
»Machen«, nicht ganz in Übereinstimmung mit ihrem
alten Programm als Oppositionspartei, sondern in Auseinandersetzung mit den Wechselfällen der Abenteuer der
Vernunft und der Vernunft der Geschichte. Haben die
französischen Sozialisten, Wahrer einer Tradition, die den
Marxismus des Widerstands als Ganzen integrierte und
somit Léon Blum gegen Thorez und die Kommunisten
recht gab, gesiegt, ohne sich selber zu verraten, immer
noch im Einklang mit der Maxime Gisors'? Das muß ein
jeder selbst entscheiden.

Dieser Sieg hat gleichwohl, wenn nicht das Wesen, so doch zumindest das Bild verändert, das man sich von einer fortschrittlichen Partei machen konnte, einer Partei, die nicht mehr und nicht weniger will als das Leben verändern ... Sie hat die Bedingungen verändert, wie dieses individuelle oder kollektive »Nein« sich äußert. Kurz gesagt: sie hat die Bedingungen des politischen Engagements verändert, indem sie einige für überholt erklärte, andere neu bewertete.

»Überall, wo das Volk seine Macht nicht ausübt und seinen Willen nicht unmittelbar, sondern über Volksvertreter zum Ausdruck bringt, bleibt – wenn diese Vertretung nicht integer und annähernd mit dem Volk gleichzusetzen ist – die Freiheit auf der Strecke.« Diese Erklärung von Robespierre hat Michel Rocard auf dem Kongreß der französischen Sozialisten Ende August 1990 in Jouè-les-Tours inhaltlich übernommen: »Partei, Regierung und Parlament steht es weder zu, noch haben sie das Recht, etwas anderes als die Franzosen zu wollen.«

Aufgrund dieser Aussage Rocards, dem man doch immer vorwirft, den rechten Flügel der Sozialistischen Partei zu verkörpern, stellt sich notwendigerweise die provozierende Frage nach dem Nutzen der PS im besonderen und der politischen Parteien im allgemeinen, und zwar in dem Augenblick, in dem sie selber die Frage nach ihrem »Programm« stellt. Und die Frage nach ihrer Zukunft. Legte Michel Rocard den Grundstein zu einem »Boulangismus der Linken«, oder impfte er der Sozialistischen Partei, die sich immer noch wie eine Oppositionsgruppierung gebärdete, seit der ehemalige Vorsitzende der PSU (*Parti socialiste unifié* = Vereinigte Sozialistische Partei) sich im Matignon aufhielt, wieder einmal eine heilsame Dosis Realitätssinn ein?

Hat wieder einmal ein »offenes Wort« ins Schwarze getroffen, noch ehe die hohen Tiere das Ziel auch nur wahrgenommen haben? In der Tat, die Frage so zu stellen bedeutet, den Finger in die Wunde zu legen: Krise der

Parteien, Krise der Institutionen, Krise der Politik, Krise der Volksvertretung.

Die V. Republik entstand gegen die »Herrschaft der Parteien«, gründete sich aber auf eine Verfassung, die zum ersten Mal in Frankreich deren Rolle im Gefüge der Institutionen festlegte: »Die Parteien und politischen Gruppierungen konkurrieren um Wählerstimmen. Sie bilden sich frei und üben ihre Tätigkeit frei aus. Sie haben die nationale Souveränität und die Demokratie zu respektieren.« (Artikel 4)

Abgesehen von den Folgen einer Begriffsverwirrung, wie es sie noch nie gegeben hat und die vor allem auf den aufsehenerregenden Bankrott des »wissenschaftlichen Sozialismus«, von dem die Rede war, zurückzuführen ist, hat die gesamte Politikerkaste für den Augenblick weder die Konsequenzen des Machtwechsels richtig eingeschätzt noch begriffen, in welchem Maße der »Einschnitt« vom Mai 1981 (Sieg François Mitterrands über Giscard d'Estaing bei den Präsidentschaftswahlen) uns in eine Zweiparteienlogik gestürzt hat, in der lediglich zwei mehr oder weniger stabile Koalitionen nach und nach das politische Leben dominieren sollten. Und selbst wenn sich ein Vergleich mit der Bipolarität in England und Deutschland noch als zu gewagt erweist, so hat doch die Verfestigung der Mehrheitsverhältnisse unser politisches Leben unwiderruflich verändert.

Die zwei Jahre »Cohabitation«* haben nichts gebracht als eine Überschätzung dieser verfassungsmäßigen Spielart, als habe man nun alle anderen Möglichkeiten, die die

---

* *Cohabitation* bezeichnet die Periode zwischen den Parlamentswahlen von 1986 und der 1988 erfolgten Präsidentschaftswahl, an die sich unmittelbar neue Parlamentswahlen anschlossen: in diesen zwei Jahren arbeiteten rechtes und linkes Lager – eine konservative Regierung (unter Jacques Chirac), gestützt auf eine konservative Parlamentsmehrheit, mit einem sozialistischen Staatschef (François Mitterrand) – zusammen.

Verfassung zuläßt, ausgeschöpft und folglich ein Widerstandspotential entschärft.

Auch hier kam ein absolutes Wissen, wenn nicht sogar eine Art geschichtlicher Endzeit an die Macht. Ein vorläufiges Ende oder aber ein unwiderrufliches? Eine fortwährende Agonie der Partei als solcher – einmal zerstört, dann wiederaufgebaut –, während die Kommunistische Partei Frankreichs nach Ansicht vieler Leute mit Sicherheit sterben und etwa acht Prozent der Wählerschaft verwaist zurücklassen wird. Die »aus dem Ausland gesteuerte Partei«, der große böse Wolf des Systems, das Opfer von »Glasnost« und »Perestroika«, die aus dem Osten gekommen sind, verstärkt ebenfalls den unaufhaltsamen Prozeß der Polarisierung: ja/nein! Wird der Widerstand die Fronten wechseln?

Aber müssen wir denn wirklich abwarten, bis alle Katzen grau sind, bis alles sich in der oberflächlichen Harmonie einer unendlichen Unbestimmtheit auflöst, die den angeblichen Sieg des Kapitalismus und des »Cogito« der Ware vervielfacht, um die Aufgabe der Sozialistischen Partei Frankreichs und aller anderen sozialistischen oder sozialdemokratischen Parteien Europas neu zu überdenken? Die erneuerten Kreisläufe der Marktwirtschaft sind dabei, alle anderen Regulierungsversuche im sozialen Bereich zu verdrängen, als wäre von nun an das Gesetz – oh, wie unerbittlich – von Angebot und Nachfrage die einzig mögliche Identität für den Ehrenmann am Ausgang unseres Jahrhunderts!

Durch die Zurückweisung jeglicher symbolischen Vermittlung, die Ablehnung jeder Art von sozialem Zwang im Namen einer rein formalen Freiheit, wenn nicht sogar einer absoluten Autonomie des Egos, hat die superliberale Bestätigung des »Ichs« nach und nach Absonderungen aller Art gerechtfertigt. Alltäglicher Rassismus, dessen Konsequenzen für das Morgen man heute noch kaum abschätzen kann. In Wahrheit gestalten unsere Gesellschaften sich um, ohne dabei im geringsten nach einem anderen Sinn als dem des Mehrwerts zu suchen.

Auch beobachten wir allenthalben, wie Kontroll- und Abschottungsmechanismen verdichtet und die Kette von Zwangsmaßnahmen verstärkt und vervielfacht werden, wie um diese allgemeine soziale Psychose zu lindern.

Am 1. Januar 1993 entsteht der europäische Binnenmarkt. Die innereuropäischen Grenzen verschwinden. Die berühmten »vier Freiheiten« (freier Kapital-, Güter-, Dienstleistungs- und Personenverkehr) treten in Kraft. Gegenüber allen nichteuropäischen Völkern werden hingegen fast unüberwindbare Mauern aufgerichtet. Das vereinte Europa wird zur Festung. 14. Juni 1985: in dem südluxemburgischen Nest Schengen unterzeichnen die acht wichtigsten EG-Staaten in aller Stille ein Abkommen über die Behandlung von »Drogenhändlern, Terroristen, Asylbewerbern und Migranten«. Warum Asylbewerber und vom Hunger aus ihren Heimatländern vertriebene ausländische Arbeitsuchende mit Schwerverbrechern (Drogenschiebern, Bombenlegern) in einen Polizei-Topf geworfen werden, findet wohl nur im bürokratischen Repressionswahn eine Erklärung. Unter dem Himmel seiner Ideale legt das vereinte Europa ein Polizeinetz aus, in dem sich mit Sicherheit praktisch alle vom Elend gejagten Migranten und Flüchtlinge schwarzer, brauner, gelber Hautfarbe verfangen werden. Ein hochmodernes, kontinental integriertes polizeiliches Computersystem wird die verängstigten weißen christlichen Europäer vor den fremdartigen, bedrohlichen Menschenmassen aus Ost und Süd bewahren.

Unauffällig, aber sehr real, kehrt der gewöhnliche Faschismus zurück; wenn Ausgrenzung keine Randerscheinung mehr ist, sondern unser Verhalten allgemein zu bestimmen beginnt, dann wird damit ohne jeden Zweifel die eigentliche Funktion des politischen Geschchens und folglich die der Parteien, von denen man erwartet, daß sie diesem Ausdruck verleihen, in Frage gestellt.

Was tun? Den Wortführern der Sozialistischen Partei Frankreichs sowie aller anderen sozialistischen und sozialdemokratischen Parteien Europas noch einmal ans Herz legen, daß sie in die Stadtviertel gehen, sich für die Verbesserung des täglichen Lebens, für die Wiederherstellung unseres Wohnraums, für den Ausbau des Schul- und Bildungswesens wie auch für die Integration derer, die ausgeschlossen sind, einsetzen sollen? Die gähnend leeren Treppenhäuser stehen weiterhin wie eine offene Frage im Raum, aber vielleicht verdinglicht sich in ihrem tagtäglichen Widerhall eine träge Verwaltung und löst damit die allein wesentliche Suche nach dem Sinn aus. Die Franzosen, die Deutschen, die Schweizer und andere werfen den Politikern eigentlich nicht vor, was sie sind. Sie werfen ihnen vor allem vor, was sie zu sein vorgeben: die Hüter einer Wahrheit, die ihnen äußerlich ist. Gibt es also keine Politik mehr außer der der Politiker? Schon einmal in der jüngeren Geschichte Frankreichs haben die Gesellschaft und die öffentliche Meinung das politische Feld geräumt: zur Zeit des Vichy-Regimes. Das sollte man nicht vergessen.

Uns interessiert die Frage: Was *nützen* heute noch jene Intellektuelle, die ihr Wissen und ihre Intelligenz einst in den Dienst der sozialdemokratischen und sozialistischen Bewegungen gestellt hatten? Sie haben ihre einstigen geistigen Vorbilder – allen voran Marx – derart verunglimpft, die Tyrannei des Logos angeprangert und dabei alle Möglichkeiten der Verleugnung ihrer selbst ausgeschöpft, daß sie heute den weitgehenden Verlust ihres eigenen Ansehens erfahren müssen. Ihre Fähigkeit, eine Diskussion zu entfachen und frische Anstöße für eine neue Bewertung der Welt zu geben, ist gleich Null. Dies hat zu einem gewissen Weltschmerz geführt, einer gewissen Verdrossenheit, die durchaus Ähnlichkeit mit dem Gefühl der Verbitterung der seit dem Ende des 18. Jahrhunderts endgültig von der Macht ausgeschlossenen Aristokratie hat. Diese Verbitterung entlud sich in einer Auflehnung des Gefühls gegen die Vernunft.

Das Sichtbarwerden dieser Randstellung und die Bekehrung verpflichten: die heutigen Intellektuellen streben wieder so gut sie können der Mitte zu, indem sie in die Ode auf die Entzauberung der Welt einstimmen, aber mit weit weniger Erfolg als ihre romantischen Vorfahren. So verherrlicht man die Ära der Leere, das Verblassen der Dinge und versucht, sich davon zu überzeugen, daß dieser allgemeine Zerfall die höchste Stufe der Demokratie darstelle. In dieser das Umfeld der letzten Überreste von Rationalität beherrschenden Verworrenheit und Unbestimmtheit könnte eigentlich das Individuum seine Freiheit endlich ganz ausleben. Eine uns schon vertraute Gegenüberstellung des Ich-Kultes und des klassischen Idealismus, die in einer bis in die römische Antike zurückreichenden Tradition steht ... mit dem kleinen Unterschied, daß die derzeitige Ablehnung der intellektuellen »Traditionen« sich in den zahllosen Gebärden der Darstellung dieser Leere verzehrt, an der man sich paradoxerweise bis zur Auslöschung des Ichs auf der sozialen Ebene berauscht. Die Bühne hat sich zwar nicht geleert, aber jetzt treten andere Schauspieler auf, die eher mit dem Zeitgeist in Einklang stehen. Dies wäre die Stunde der »operativen Fiktionen«, wie Philippe Sollers unermüdlich wiederholt. Entsprechend dieser Logik erweist sich die »Nation«, ein einst von bürgerlichem Formalismus angekränkelter Begriff, der im Verdacht stand, sämtliche kapitalistischen Akkumulationen der herrschenden Klassen ein und derselben menschlichen und territorialen Gemeinschaft zu umfassen, jetzt als der wichtigste Bezugspunkt der angeblichen Linken. Unweigerlich schwindelt einem vor dem Abgrund dieser seltsamen Dialektik, die heute die Nation zu einer neuen Idee emporstilisieren will.

Die linke französische Intelligenz will uns, nach den Neuen Philosophen, nichts, aber auch rein gar nichts

ersparen. Und die in »Sozialismus und Republik« umge-
taufte Richtung eines Jean-Pierre Chevènement ist nicht
gerade berufen, den Tod der Arbeiterbewegung – der in
ihren Augen einzigen wahren Linken – und damit den Tod
der gesamten authentischen Linken zu beweinen. Glücklicherweise kennt der *Marxismus des Widerstands* mehr
als nur einen Schachzug, und auf den Trümmern dieses
politischen und wirtschaftlichen Verfalls nimmt er uns in
die Pflicht, immer wieder von neuem aufzubauen ...

II. Das Leben verändern

»*Lerne das Einfachste, für die*
Deren Zeit gekommen ist
Ist es nie zu spät!
Lerne das Abc, es genügt nicht, aber
Lerne es! Laß es Dich nicht verdrießen
Fang an! Du mußt alles wissen!
Du mußt die Führung übernehmen!
. . . .

Scheue Dich nicht zu fragen, Genosse!
Laß Dir nichts einreden
Sieh selber nach!
Was Du nicht selber weißt
Weißt Du nicht.
Prüfe die Rechnung.
Du mußt sie bezahlen.
Lege den Finger auf jeden Posten
Frage: wie kommt er hierher?
Du mußt die Führung übernehmen.«

Bertolt Brecht
Die Mutter

1. Das Gras wachsen hören

»Denn wie man sich bettet, so liegt man
Es deckt einen keiner da zu
Und wenn einer tritt, dann bin ich es
Und wird einer getreten, dann bist's du.«

Bertolt Brecht
Aufstieg und Fall der Stadt Mahagonny

»Sag ihm, der den Wagen zieht
Er wird bald sterben.
Sage ihm, wer leben wird?
Der im Wagen sitzt.«

Bertolt Brecht
Turandot oder der Kongreß der Weißwäscher

Der postume Sieg von Léon Blum

Wiederaufbauen? Aber um was zu tun? Was tun, in der Tat? 1976 schrieb Pierre Mendès France: »Alles, was wir haben, verdanken wir unseren Vorgängern. Sie haben für Prinzipien gekämpft, die nicht an eine bestimmte Zeit gebunden sind. Die Maximen von Saint-Just und Léon Blum sind nicht veraltet. Das Unbehagen, das wir gegenüber den Ländern im Osten verspüren, rührt genau daher, daß diese Maximen dort völlig verkannt werden und daß wir uns damit nicht abfinden können, ohne in Pessimismus zu verfallen.«[18] Diese Zeilen, die in sich solch seherische Kraft bergen, führen uns zu einer Sternstunde in der chronologischen Geschichte des »politischen Marxismus« zurück, um auf die eingangs entwickelten Kategorien zurückzugreifen. Im März 1919 gründete Lenin im Kreml die III. Internationale und gab ihr den Namen KOMINTERN. Gegen Ende des Ersten Weltkriegs entstanden mehr oder weniger überall kommunistische Parteien, die hauptsächlich aus den extremistischen Flügeln der während der zweiten Hälfte des 19. Jahrhunderts in den am weitesten industrialisierten Ländern Europas gegründeten sozialdemokratischen Gruppierungen hervorgingen. Diese von Anfang an doppelgleisige Bewegung verbindet ihr Festhalten an der Sozialdemokratie einerseits mit einer Neigung zum »politischen Marxismus«, wie er im *Kommunistischen Manifest* von Marx und Engels seinen Ausdruck findet, andererseits. In dieser Zeit treffen in Deutschland, einer Art Laboratorium des »Sozialismus«, sämtliche politischen und theoretischen Faktoren zusammen, die schließlich zum Auseinanderbrechen und zur Spaltung der großen sozialdemokratischen Bewegung führen. Der »Revisionismus« Eduard Bernsteins steht in unversöhnlichem Gegensatz zu den Ansichten von Karl Kautsky und Rosa Luxemburg, die eine Integrierung der Arbeiterbewegung in die kapitalistische Logik einer Marktwirtschaft entschieden ablehnen. Letztere treten für eine Strategie des Bruchs mit dem Kapitalismus ein, das heißt für einen bedingungslosen Kampf zur Verteidigung der »Reinheit« des politischen Marxismus, gegen die »reformistischen Abweichungen« vor allem aus den Reihen der Anhänger der Gewerkschafts- und Genossenschaftsidee. Diese Dualität kennzeichnet nicht nur die Situation der Bewegung in Deutschland, sondern auch die in den Ländern Südeuropas, während die Skandinavier sich schon etliche Jahre zuvor für den »zweiten Weg« entschieden hatten. Danach ist in einer politischen Konstellation, in der die Idee der Demokratie allgemein akzeptiert ist, ein gewaltsamer Umsturz der Institutionen nicht zu rechtfertigen; es geht hier vielmehr darum, die im politischen Bereich eroberten Rechte auf den sozialen Bereich zu übertragen: das ist Sozialdemokratie ...

Der Krieg von 1914 hat diese Opposition zwangsläufig verschärft, da zahlreiche Fürsprecher des »zweiten Wegs«

sich vom proletarischen Internationalismus abwandten, um sich dann, im Namen des »nationalen Interesses«, mit dem Krieg abzufinden.

In Frankreich sollte sich die Spaltung 1920 auf dem Parteitag in Tours vollziehen, auf dem die Kommunisten und Léon Blum, der Verfechter des »zweiten Wegs«, aufeinanderprallten. Trotz des Aufschwungs der kommunistischen Parteien organisierten sich die Sozialdemokraten und hielten an ihren sozialistischen Ursprüngen fest, während sie den Kommunisten den direkten Rückgriff nicht nur auf den politischen, sondern auch auf den philosophischen Marxismus überließen. Eine der phantastischsten theoretisch-historischen Fehldeutungen hat ihre Wurzeln in diesem Auseinanderbrechen, für dessen Folgen der Fall der Berliner Mauer in der Nacht des 9. November, dieser *postume Sieg Léon Blums*, den Epilog darstellt. Nach dem Bruch von 1920 ging der Leninismus daran, Stück für Stück den Marxismus insgesamt, auf allen seinen verschiedenen Ebenen, für sich zu reklamieren und durch eine furchterregende Theorie des proletarischen Staates und die Prinzipien der Planwirtschaft zu ergänzen. Von nun an fallen Marxismus und Leninismus in eins und werden in der zukünftigen Benennung kommunistischer Systeme einander unmittelbar gleichgestellt. Die französischen »Sozialdemokraten«, die sich im Rahmen der SFIO *(Section française de l'internationale ouvrière* = französische Sektion der Arbeiterinternationale)* zusammenfinden, fordern ihrerseits auch weiterhin die Kollektivierung der Produktionsmittel und des Warenaustauschs; dabei verfolgen sie eine pragmatischere politische Linie, die oft den proklamierten Zielen keineswegs zu entsprechen scheint. Die Kommunisten werden nicht müde, die Schuld am Bruch den Sozialdemokraten zuzuweisen, die sie mit schöner Regelmäßigkeit als »Sozialverräter« titulieren. Die Sozialdemokraten bekunden ganz offen, daß sie revolutionäre Strategien, Umstürze und Brüche ablehnen, um über eine permanente und in einem mehr oder weniger vom jeweiligen Lebensstandard bestimmten Rhythmus vorangetriebene Verbesserung die am meisten benachteiligten sozialen Schichten besserzustellen. Und was geschieht in Deutschland? In Bad Godesberg verabschiedet sich die SPD 1959 endgültig vom »politischen und ökonomischen Marxismus«, um ganz offiziell zu einer Reformpartei zu werden. Im Verlauf dieses Parteitags vollzieht sich die seltsame, aber notwendige Wandlung von einer Oppositions- zu einer Regierungspartei. Es ging im Grunde genommen darum, sich auf zukünftige Verantwortlichkeiten einer Machtübernahme und -annahme vorzubereiten, und folglich darum, sich der Unterstützung auch des Mittelstandes zu versichern, der durch den »politischen Marxismus« und die revolutionäre Strategie abgeschreckt worden war. Bad Godesberg verkündet ganz klar und deutlich: »Die Sozialdemokratische Partei ist aus einer Partei der Arbeiterklasse zu einer Partei des Volkes geworden.«[19] Indem sie eindeutig mit dem klassischen Marxismus der beiden ersten Ebenen (der politischen und der ökonomischen) und sogar mit dem »Revisionismus«, der sich an seinen Rändern ansiedelt, bricht, legt das neue, aus dem Parteitag hervorgegangene Programm fest, daß »freier Wettbewerb und freie Unternehmerinitiative wichtige Elemente sozialdemokratischer Wirtschaftspolitik sind«. Damit erkennt die Partei den freien Markt als Wirtschaftsordnung an, will jedoch gleichzeitig die Voraussetzungen für eine wirkliche Konkurrenz garantieren. »Das private Eigentum an Produktionsmitteln hat Anspruch auf Schutz und Förderung, soweit es nicht den Aufbau einer gerechten Sozialordnung hindert.«[20] Eine Auffassung von Gerechtigkeit und Gleichheit, die sich ganz in die Traditionen des Christentums und des klassischen Humanismus einfügt: Grundlagen eines »demokratischen Sozialismus«. Letztlich definiert die Sozialdemokratie eher ein Regierungsprogramm als eine Politik oder ein *a priori* festgelegtes politisches System.

Bad Godesberg gilt heute als symbolträchtige Wende. Praktisch alle europäischen Sozialdemokraten betrachten die mit ihr einhergehende Praxis als gesellschaftspolitisches Modell. Das Godesberger Programm gründet sich insbesondere auf verschiedene Verhandlungsspielräume, die die Einflußmöglichkeiten der Sozialpartner eingrenzen, die sich auf dem Umweg über ihre Gewerkschaftszentrale oder sonstige privat- oder öffentlich-rechtliche Vereinigungen an politischen Entscheidungen beteiligen. Dieser Glaube an eine möglichst kontinuierliche Abstimmung untereinander beruht auf einer Reihe ethischer Leitsätze, auf die wir später noch einmal zurückkommen müssen (soziale Solidarität, Respektierung gegensätzlicher Ansichten, beharrlicher Einspruch, um durch vertragliche Vereinbarungen die Widersprüche zu überwinden, die von den verschiedenen Wortführern meistens als unüberwindlich hingestellt werden. In anderen Worten: ein gewisser Pragmatismus, der einen Ausgleich zwischen unumstößlichen Prinzipien, bei denen man keine Kompromisse eingehen kann und will, und den unumgänglichen Gegebenheiten der Realpolitik erlaubt). Auf wirtschaftlicher Ebene beschränkt die Sozialdemokratie sich nicht auf die Keynesschen Praktiken: auf die vom Wohlfahrtsstaat garantierten Leistungen und insbesondere auf die Umverteilung der Einkommen. Nicht nur hat die Sozialdemokratie kein Exklusivrecht auf diese Praktiken, sondern sie will sich auch anderer Mittel des Eingreifens bedienen, um die großen wirtschaftlichen Ungleichheiten abzumildern und für eine bessere Angleichung der Einkommen sowie für einen weiter gehenden Schutz der am stärksten Benachteiligten zu sorgen. Dennoch bleibt die staatliche Einflußnahme auf die Verteilung des Mehrwerts auf Gewinne und Löhne/Gehälter weiterhin einer der entscheidenden Prüfsteine sozialdemokratischer Wirtschaftspolitik, um so mehr, als es nach dem Zusammenbruch der Planwirtschaften in dieser Hinsicht nicht einmal den Ansatz einer Alternative gibt.

Es hat den Anschein, daß diese mit der Festsetzung der Löhne und Gehälter verbundene Aufteilung den gravierendsten Widersprüchen in unseren westlichen Gesellschaften immer neue Nahrung geben wird, unabhängig von irgendwelchen ideologischen Diskursen. Ebenso täten alle – angeblich oder tatsächlich – extrem linken Strömungen der europäischen sozialistischen Parteien gut daran, sich dies ein für allemal zu merken, um so ihre Worte und Handlungen miteinander in Einklang zu bringen und den Übergang von den Praktiken einer Oppositionspartei zur Praxis einer Regierungspolitik deutlich zu machen. Dieser minimale Aufwand an intellektueller und politischer Disziplin hätte der französischen Linken viele Irrtümer und verlorene Zeit erspart, Zeit, die sie lieber auf ideologische *disputationes* verwandte als auf eine praktische und konkrete Umsetzung ihrer Ziele.

In der Tat ist die sozialdemokratische »Idee« in Frankreich noch ziemlich jung und besitzt nicht das »Gedächtnis« ihrer nördlichen Nachbarn. Erst am 8. Dezember 1981 – anläßlich des hundertjährigen Bestehens der *École des hautes études commerciales* (Hochschule für Wirtschaftswissenschaften) – war es soweit, daß erstmals, seit die Linke an der Macht war, Staatschef Mitterrand erklärte: »Es ist offensichtlich, daß der Gewinn der Motor ist, ohne den ein Unternehmen unmöglich bestehen kann (...). Die Unternehmensleitung und die Behörden dürfen nicht Gegner, sondern müssen Partner sein.« Er schloß mit einem Appell an das französische Volk, »in einem kolossalen Unternehmungsgeist auf nationaler Ebene alle Kräfte zu mobilisieren«[21]. Diese Erkenntnis führte schließlich zu dem schmerzlichen Kurswechsel des Jahres 1982, der bis zur Cohabitation und vor allem ab 1988 den Grund zu einer sozialen Umgestaltung auf Dauer, ohne »Pause«, legte. Eine »Pause«, die Léon Blum im Februar 1937 angesichts der Situation in Frankreich und der internationalen Lage hatte verordnen müssen. Die Bewältigung eines alten Syndroms, das die Linke seit vielen Jahren plagt: die Pause!

Michel Rocard: »Charles Bettelheim, strenggläubiger Marxist, hat geschrieben: ›Wenn man zu zählen aufhört, dann hört man als erstes auf, die Leiden der Menschen zu zählen. Zu lange hat die Linke, die immer nur kurz und in zu großen zeitlichen Abständen an der Macht war, die Erfordernisse des Realismus, der intellektuellen Disziplin, das Wissen um die Sachzwänge und deren richtige Einschätzung vernachlässigt. Wenn man auf diesem Weg weitergeht, werden die Folgen besorgniserregend und das Erwachen böse sein.‹«[22] War dies ein simples Akzeptieren der Gegebenheiten, die man anfangs hatte verändern wollen (das Leben verändern)? War es eine Verleugnung der ursprünglichen Ziele oder eine Veränderung der Veränderung? Eine wichtige Frage, die zu entscheiden oder im Rahmen der detaillierten Bestandsaufnahme einer Politik eingehend zu untersuchen hier nicht der Ort ist; sie ist vielmehr im Hinblick auf die erste/zweite ideologische Spaltung der Linken zu bewerten, die sie auslöste. Als sie mit Verspätung ihr Bad Godesberg erlebten, brachen die französischen Sozialisten ihrerseits mit der Logik des gemeinsamen, in erster Linie durch die dreifache Zielsetzung: Rationalisierung, Planung, Selbstverwaltung geprägten Programms, das sie und die Kommunistische Partei unterschrieben hatten.

Die Machtübernahme der französischen Linken konnte sich nicht auf eine bedeutsame Gewerkschaftsbewegung stützen, wie dies in Deuschland und den skandinavischen Ländern der Fall war. Die Arbeiterbewegung, jener große Hoffnungsträger, hat innerhalb der französischen Linken nicht mehr das Sagen; sie hat den Angestellten des tertiären Sektors – mittlerweile die Mehrheit der berufstätigen Bevölkerung – den Vortritt gelassen. Eine gewisse typisch französische Spielart der Linken, die Analyse oft durch gefühlvollen Überschwang und Nostalgie ersetzt, weigert sich nach wie vor, diese für ein Verständnis der – für unser sich seinem Ende zuneigendes Jahrhundert so charakteristischen – ausklingenden industriellen Ära wesentliche Veränderung in Betracht zu ziehen, und beklagt unablässig den Tod der Arbeiterklasse mit Untertönen, die ein wenig an die Beleidigungen erinnern, die einst die Kommunisten nach dem Bruch auf dem Parteitag von Tours den »Sozialverrätern« entgegenschleuderten.

»Mitterrand – die Sonne«

Man erinnere sich nur an den herrlichen Abend des Sieges, den 10. Mai 1981, als die Bevölkerung von Paris die Place de la Bastille stürmte und rief: »Mitterrand – die Sonne, Mitterrand – die Sonne!« Es regnete in Strömen, als in jener Nacht der knappe Wahlsieg Mitterrands über Giscard d'Estaing verkündet wurde. Aber die vielen tausend Menschen, die auf der Place de la Bastille Mitterrand zujubelten, waren so überzeugt von der Kraft ihrer Ideen, daß sie diesem Mann ohne weiteres zutrauten, mitten in der Nacht und im Regen die Sonne hervorzuzaubern zu können. Ein unvergeßlicher Augenblick! Ausbruch einer legitimen, überbordenden Freude, wie man ihn seit der Befreiung 1944 nicht mehr erlebt hatte. Welch ein Fest! Ein Fest, das nicht die Wiederaufnahme, sondern die Vollendung eines von Tausenden Aktivisten viele Jahre hindurch getragenen Kampfes bezeichnete. Gewiß, man mag lächeln über diesen gefühlvollen Überschwang, diese nächtliche Exaltiertheit. Sie widerspricht der Vernunft und hat mit realistischer Politik anscheinend nichts zu tun.

Trotzdem hat diese Mai-Nacht 1981 in Paris etwas offenbart, das man als das große emotionale Defizit der Sozialdemokratie bezeichnen muß.

Ganz offensichtlich kann man das sozialdemokratische Experiment nicht auf eine mechanistische Konzeption des sozialen Wandels reduzieren, außer man will den wiederholten Ankündigungen eines Endes der Ideologien (so wie die Natur hat auch die Ideologie einen *horror vacui*) Glauben schenken. Dieser soziale Wandel ist ohne eine »Weltanschauung«, eine Gesamtvorstellung, mit anderen Worten: ohne einen eigenen »Entwurf«, nicht denkbar. Und weil sie eben beiden, dem reinen, strengen Liberalismus angelsächsischer Prägung wie auch dem realen Sozialismus mit seinen kommunistischen Diktaturen, eine Absage erteilt, kommt die Sozialdemokratie auf die Dauer um eine Vision nicht herum. Angesichts all der Ängste und Sorgen unseres zu Ende gehenden Jahrtausends und jenseits der Frage einer guten oder schlechten Führung der Geschäfte wollen die Bürger wissen, wohin die Reise geht ... Auch hier kann man das Ausmaß dieses emotionalen Defizits ermessen. Die französische Sozialdemokratie hat nach 1920 das marxistische Denken ausnahmslos der Kommunistischen Partei und anderen Repräsentanten des politischen und ökonomischen Vulgärmarxismus überlassen.

Fundament der Sozialdemokratie ist gleichwohl eine kompromißlose Kritik des Kapitalismus und der Mechanismen seiner Marktwirtschaft. Das Ziel einer grundlegenden Veränderung der sozialen und wirtschaftlichen Ordnung bezeichnet recht gut ihren »unüberschreitbaren Horizont«. Innerhalb dieses Rahmens müssen der philosophische Marxismus und der Marxismus des Widerstands wieder wirksam werden, um zu einem besseren Verständnis der Widersprüche beizutragen, die der sozialdemokratische »Entwurf« überwinden will.

Und welche anderen Konzepte als die von Marx könnten uns dabei helfen? Sie sind vielfältig: führen wir nur jenes der »Komplexität« an, in dem sich die nicht unerheblichen Beiträge der Biologie und vor allem der Kybernetik überschneiden und dessen sich Edgar Morin in seinen Arbeiten bedient. Dieses Beispiel verdeutlicht teilweise den Fortschritt der wissenschaftlichen Arbeit seit der Ausarbeitung der marxistischen Theorie. Dieser Fortschritt wurde nicht gegen den Marxismus oder durch einen Bruch mit ihm erzielt, sondern ganz im Gegenteil in seiner Fortführung, in den vielfältigen Weiterentwicklungen eines wirklich lebendigen Denkens. Man kann gar nicht oft genug wiederholen, in welchem Maße die Schule der analytischen Philosophie (Wiener Kreis) in der Geschichte, die verschiedenen Strömungen der zeitgenössischen europäischen Soziologie mit ihren Experimenten, ihren Versuchen einer interdisziplinären Zusammenarbeit und ihren Arbeitshypothesen dem Denken von Marx und den marxistischen Vorstellungen – die trotz allem, was man seit dem Fall der Mauer hört und liest, weiterleben – zu Dank verpflichtet sind. Der Erfindungsgeist der sozialdemokratischen Tradition als solcher steht hier zur Debatte, ihr Vermögen, Sinn herzustellen über denjenigen hinaus, der in der Abwicklung der Tagesgeschäfte zulässig ist und lebendig wird. Einen Sinn, der eine ganze Reihe gemeinsamer Vorstellungen umfaßt und zugleich Triebkraft des sozialen Wandels ist. Patrick Viveret: »Das westliche Modell erweist sich, indem es die Mehrzahl der menschlichen Aktivitäten einzig und allein auf ihre ökonomische Dimension reduziert, als unfähig, sich neuen Herausforderungen dieser Suche nach dem Sinn zu stellen. Wenn es sich nicht von Grund auf erneuert, wird es sich mit wahrhaft rückschrittlichen und gefährlichen Formen dieser Suche auseinanderzusetzen haben: mit religiösem Fundamentalismus, dem verstärkten Aufflackern von Nationalismen, mit der Entwicklung von Sekten und einer Flucht in Drogen jeglicher Art.« In einer solchen sozialen und intellektuellen Situation kann man den marxistischen Beitrag nicht einfach tilgen, als handle es sich dabei um einen schmählichen Ausrutscher, der keinerlei Bezug zur kritischen Philosophie der Aufklärung hat, die heute von allen Seiten, insbesondere von den Anhängern der neuen Religiosität, auf die Patrick Viveret anspielt, angegriffen wird. Über die Forderung nach einer Fortführung der Tradition hinaus macht sich heute das fehlende Bedürfnis nach strengen ethischen Orientierungspunkten schmerzlich bemerkbar. Ebenfalls aus einer moralischen Reaktion heraus geboren, muß die Sozialdemokratie notwendigerweise hohe Ansprüche setzen, die ihrer historischen Verantwortung entsprechen. Wir werden darauf noch zurückkommen.

Fassen wir zusammen: Als Regierungsprogramm bevorzugt die Sozialdemokratie Verhandlungen; Widersprüche sollen im Rahmen von Verträgen überwunden werden. Daher entwirft sie keine »Politik« im eigentlichen Sinne des Wortes, sondern nur eine durch eine institutionelle Struktur und bestimmte Grundregeln des Vorgehens charakterisierte Methode. Grundregeln, die der täglichen Praxis nicht übergestülpt sind, und eine Methode, die nicht wie ein Satz von Regeln, an die man sich jederzeit und an jedem Ort halten muß, dem Handeln vorausgeht. Sagen wir es so: eine Methode, die sich im Vollzug der Eigengesetzlichkeit ihres Inhalts selber aufhebt, unter Berücksichtigung von Neuanpassungen, an der notwendigerweise keine Politik im Werden – entsprechend den Zielen ihres »Entwurfs« – vorbeikommt. Wir müssen das Gras wachsen hören, sagte Marx. Von rituell beschworenen sogenannten realen Sachzwängen des Regierens beinahe erdrückt, muß sich die europäische Sozialdemokratie die grundsätzliche Frage nach dem historischen Horizont ihrer täglichen Praxis stellen. Tut sie es nicht, geht sie zugrunde.

Ein anderes grundlegendes Prinzip der Sozialdemokratie kann man auf folgende Weise umreißen: keine wirtschaftliche Entwicklung ohne Demokratie, die Demokratie als treibende Kraft der Entwicklung … Dieses Prinzip gilt nicht nur für die hochentwickelten Länder, und es kann auf die Dauer nicht taugen, wenn nicht auch andere daran teilhaben. Eine Einstellung, die sich darauf beschränkte, die demokratischen Rechte bei sich zu verteidigen, während sie sich gleichzeitig damit abfindet, daß anderswo gegen sie verstoßen wird, ist unhaltbar. Aber bevor man eine Pflicht zur Einmischung fordert, muß diese Verteidigung der demokratischen Rechte nach allen Seiten hin erst einmal über die Herstellung neuer wirtschaftlich weniger mörderischer internationaler Beziehungen stattfinden. Die *terms of trade* zwischen Nord und Süd verschlechtern sich unablässig, dabei werden die reichen Länder immer reicher und die armen immer ärmer. Der Fall der Berliner Mauer hat zwar die bipolare Logik des kalten Krieges aufgehoben, der mehr als vierzig Jahre lang die Beziehungen zwischen West und Ost bestimmte und die ungleichen Beziehungen zwischen Nord und Süd verschleierte. Doch paradoxerweise – ein erneuter Hakenschlag der Geschichte – macht dieser Einsturz das Aufbrechen nationaler Konflikte künftig wahrscheinlicher, und zwar nicht nur im Nahen Osten, sondern überall dort, wo es Spannungen gibt und wo Ungerechtigkeit herrscht. Solche Unruheherde bereiten um so mehr den Boden für eine jederzeit mögliche bewaffnete Auseinandersetzung, als sie sich unter wirtschaftlichen Bedingungen entwickeln, die zumeist ungünstig, um nicht zu sagen: katastrophal, sind. Wer ist nicht bereit, alles zu opfern, jedes Mittel zu gebrauchen, wenn er nichts mehr zu verlieren hat? Diese Situation macht die Ausarbeitung einer internationalen Ordnung, die sich in erster Linie der Ausgeschlossenen und Benachteiligten annimmt, wichtiger und dringlicher denn je. Eine neue internationale Ordnung, die die Einsamkeit der dritten Welt bricht. Eine Einsamkeit, die man nicht zulassen darf … Das ist unsere Hoffnung.

Denn es stimmt, was der Dichter René Char vor drei Jahrzehnten bereits geschrieben hat: »Die Pyramide der Märtyrer erdrückt die Erde.«[23]

2. Die Einsamkeit der dritten Welt

Diktaturen

Jean Jaurès hat folgende Begebenheit erzählt: »Eines Abends im Winter, in der riesigen Stadt, überfiel mich eine Art soziales Grauen. Mir schien, von den Tausenden und Abertausenden Menschen, die aneinander vorbeigingen, ohne sich zu kennen, von dieser namenlosen Masse einsamer Schatten, seien alle Bindungen abgefallen. Und ich fragte mich in einer Art unpersönlichem Entsetzen, warum diese Wesen die ungleiche Verteilung des Guten und des Schlechten hinnahmen und warum das riesige soziale Gebäude nicht in seine Einzelteile zerfiel. Ich sah keine Ketten an ihren Händen und Füßen, und ich sagte mir: ›Welches Wunder läßt diese Tausende leidender und alles beraubter Individuen all das, was ist, ertragen? ...‹ Die Kette band das Herz, das Denken war angekettet, das Leben hatte seine Formen ihrem Geist aufgeprägt, die Gewohnheit hatte sie festgenagelt. Das Gesellschaftssystem hatte diese Menschen geformt, es war in ihnen, irgendwie war es zu ihrer eigentlichen Substanz geworden, sie erhoben sich nicht gegen die Wirklichkeit, weil sie mit ihr verschmolzen. Dieser zitternde Mann, der da vorbeiging, er hätte es für weniger verrückt und weniger schwierig gehalten, alle Steine des riesigen Paris in seine beiden Hände zu nehmen, um sich ein Haus daraus zu bauen, als das Gesellschaftssystem durcheinanderzubringen, dieses gigantische System, das ihn niederdrückte und ihn zugleich beschützte, in dem er, in irgendeiner Ecke, seinen vertrauten und elenden Schlupfwinkel hatte.«[24]

Im Westen hat das Kapital das Bewußtsein gleichgeschaltet. Die Verdinglichung ist heute nahezu vollzogen.

Der von Jaurès vorhergesehene Prozeß der symbolischen Vereinheitlichung nähert sich seinem Ende. Der singuläre Mensch wird mehr und mehr auf seine reine Funktion als Marktwert reduziert. Seine Individualität liegt darin, daß er typisch ist.

Die vorhergehenden Kapitel analysieren zum Teil die komplexen und vielfältigen Mechanismen dieser *Entfremdung* (Marx; Lukács spricht von *Verdinglichung*). Wie man ihn auch benennt, es ist ein mysteriöser Prozeß: der Mensch verliert sich in seinen Werken und durch seine Werke, dem einzigen Mittel, über das er verfügt, um seiner Freiheit konkrete Gestalt zu verleihen.

Dieses Reich des gleichgeschalteten Bewußtseins wird sich künftig über den ganzen Erdball erstrecken. Die meisten herrschenden Klassen im heutigen Afrika, Lateinamerika und einem großen Teil Asiens erleben auf dramatische Weise die Herrschaft der Ware, sie unterliegen der Entfremdung, dem Identitätsverlust, der Verdinglichung ihres Bewußtseins. Ihre Art zu denken, sich zu kleiden, sich zu ernähren, zu wohnen, ihre sexuellen Gewohnheiten, ihr Konsumverhalten, ihre politische Sprache, all dies zeugt von einem wütenden Willen zur Nachahmung, zur Reproduktion der »Werte« des ehemaligen Kolonisators.

Die autochthonen Bedeutungen und Werte, die Familienstrukturen, die Stammessolidarität, die gemeinschaftlichen Kosmogonien und die herkömmlichen Verhaltensweisen sind verstümmelt, pervertiert, unglaubwürdig geworden. Die traditionelle Kultur wird verleugnet, in der Nachahmungskultur ertränkt, ihr Versinken im Vergessen wird organisiert. Die Gewalt der verinnerlichten Kultur des ehemaligen Kolonisators wirkt auf vielfältige Weise: das Urteil des Geschmacks, das intellektuelle Urteil, das normative Denken.

In zahlreichen Gesellschaften der dritten Welt stellen heute die großstädtischen Kulturen das Modell eines Modells dar. Sie sind absolutistisch. Dort, wo sie von der herrschenden neokolonialen Klasse verinnerlicht werden, unterdrücken diese großstädtischen Kulturen die autochthonen Werte. Die importierten Lehrpläne verdrängen und zerstören die Mechanismen der traditionellen Wissensvermittlung in Form der Initiation. Moderne Kliniken, ein nicht angepaßter, äußerst kostspieliger Arzneimittelkatalog diskreditieren die kognitiven, therapeutischen Funktionen der traditionellen Medizin. Die Beispiele für Unterdrückung und Selbstverstümmelung sind zahllos.

Der in den Formen des (materiellen und symbolischen) Konsums imitative Kapitalismus in der dritten Welt verwüstet heute den größten Teil Nord-, Zentral- und Südafrikas.

Antonio Gramsci: »Es gibt keine politische Machtübernahme ohne vorherige Übernahme der kulturellen Macht.« Und Henri Lefèbvre und Norbert Guterman stellen fest: »Abhängigkeit und Entfremdung sind Schwestern.«[25] Die wirtschaftliche, politische und militärische Befreiung eines Volkes der dritten Welt und die Wiedergeburt seiner einzigartigen kulturellen Identität können nur durch den radikalen Bruch mit der herrschenden allogenen Zivilisation verwirklicht werden. Entweder gelingt es einem Volk der dritten Welt, seine uralte, eingeborene Kultur zu bewahren, wiederaufleben zu lassen, neu zu interpretieren und neu zu gestalten, oder es verschwindet als autonomes Subjekt aus der Geschichte. Der Sieg der Besiegten muß organisiert werden. Im Augenblick steht die Schlacht unentschieden.

Welche *Strategien* stehen diesen Völkern zur Verfügung, um die Entfremdung zu durchbrechen, ihre Unabhängigkeit zu erringen, ihre Einzigartigkeit zu behaupten?

Welchen Wert soll man den traditionellen Werten zuerkennen? Welche Beziehungen bestehen zwischen den Avantgarden und der traditionellen Kultur? Wie läßt sich eine Bewahrung der autochthonen Werte bewerkstelligen? Muß man sie um jeden Preis bewahren? Muß man sie alle wiederaufleben lassen, bewahren, schützen? Oder muß man im Gegenteil einige von ihnen über Bord werfen? Welche sind schützenswert? Gegen welche muß man ankämpfen?

Für den Kampf gegen die weltweite Gleichschaltung des Bewußtseins, gegen die Entfremdung, den Verlust der Identität, die Unterwerfung des Geistes unter die erdumspannenden Gesetze des Kapitals erscheint ein Rückgriff auf Marx unerläßlich. Die Intellektuellen, insbesondere die afrikanischen, die heute diesen Kampf führen, berufen sich im übrigen fast alle auf jene Waffe, die wir als Marxismus des Widerstands bezeichnen.

Wir wollen die derzeitigen konkreten Voraussetzungen für einen solchen Kampf etwas näher betrachten.

Die moralische Kraft eines Volkes, seine Sehnsucht, frei zu sein, gleichen dem Vulkan Monotombo in Nicaragua: lange Zeit schläft er, gleichmütig scheint er die Last der Felsen zu ertragen, die ihm den Atem rauben; doch plötzlich erwacht er und schleudert die Flammen seines Aufbegehrens gen Himmel.

Die letzten drei Jahre haben das Antlitz Europas und eines großen Teils der Welt tiefgreifend verändert. In Osteuropa sind die terroristischen und korrupten Regime in sich zusammengebrochen wie wurmstichige Hütten. Die Völker Ungarns, Rumäniens, Bulgariens, Polens, Ostdeutschlands, der Tschechei, Mährens, der Slowakei, Böhmens, Sloweniens, Kroatiens, Albaniens, Estlands, Litauens und Lettlands haben sich gegen die Ungerechtigkeit, die Unterdrückung, die Lüge erhoben. Ihr Sieg gibt den unterjochten Völkern Afrikas neue Hoffnung.

Unter all den Söldnerregimen des sowjetischen Kolonialreichs schien das ostdeutsche das stabilste zu sein: binnen weniger Monate zerbröckelte es. Wunder menschlichen Muts, Geheimnis der freigesetzten Freiheit: am Montag, dem 9. Oktober 1989, demonstrieren in Leipzig Hunderttausende Männer, Frauen und Jugendliche auf dem Ring, der das alte Zentrum der sächsischen Hauptstadt um-

schließt; Hunderte von Vopos in ihren grünen Uniformen, ihre Hunde an der Leine, die Maschinenpistolen im
Anschlang, bereit zum Massaker, versperren die Bürger-
steige.

In der grau-rosa Dämmerung skandieren Hunderttausende Stimmen: »Wir sind das Volk!« Die Vopos stehen
wie angewurzelt da. Starr vor Entsetzen. Der Zug marschiert vorbei. Auch andere Städte werden von Massen-
demonstrationen wie von Sturzbächen überflutet.

18. Oktober: nach neunzehn Jahren unumschränkter
Herrschaft wird der Generalsekretär der SED, Erich
Honecker, von seinen Komplizen abgesetzt; an seine Stelle tritt ein anderer Apparatschik, Egon Krenz. 4. November: eine Million Ostdeutscher auf einem Schweige-
marsch durch Ostberlin, in der Hand eine Kerze.

Drei Tage später: die DDR-Regierung tritt zurück.
9. November: im Nieselregen des Morgengrauens gibt die
Mauer, die westliche Grenze des Sowjetreichs, unter den
Spitzhacken und Rammböcken der Bürger nach. Der Weg
ist frei für die Wiedererstehung der fünf Länder des östlichen Landesteils und für die Wiedervereinigung des
deutschen Volkes.

Die Völker Afrikas sind von außerordentlicher – gefühls-
mäßiger und intellektueller – Beweglichkeit. In der Mehrzahl leben sie in Gesellschaften mit mündlicher Tradition.
Das gesprochene Wort ist für sie das Kommunikations-
mittel schlechthin. Überall in Afrika läuft ununterbro-
chen das Radio. Die Dorfbewohner im abgelegensten
Busch, die Nomaden in der Savanne hören Radio. Auf
diese Weise haben Millionen Afrikaner den Aufstand in
Temesvar miterlebt, unmittelbar vom Fall der Mauer
erfahren, sie haben, begeisterte Zeitzeugen, an den
Umzügen in Leipzig, am Prozeß gegen Ceaucescu, am
erbärmlichen Ende Schiwkoffs teilgenommen. Sie haben
das Verschwinden des blutigen Alptraums im Osten
direkt miterlebt. Gleich einem Ozean, unablässig, un-

widerstehlich, brandeten die Gefühle der kollektiven Befreiung Europas gegen die Riffe und Ufer des afrikanischen Kontinents.

Ich wiederhole es noch einmal: der Zusammenbruch der Diktaturen in Osteuropa, der Zerfall der sowjetischen Gewaltherrschaft haben in Afrika ungeheure Hoffnungen geweckt. Die Stasi, die mächtigste, gefürchtetste Geheimpolizei des Ostens, war in Afrika mehr als zwanzig Jahre lang tätig: in Zaire, in Mali, in Äthiopien, in Angola und anderswo hatte sie den lokalen Potentaten beigebracht, wie man Dissidenten »verschwinden« läßt und auch die mutigsten Gefangenen zum »Sprechen« bringt, die entschlossensten Gegner zerbricht. Die Unterschiede zwischen dem rumänischen Regime Ceaucescus und dem Mobutus in Zaire sind minimal.

Die Arroganz der Lüge, der Zynismus kraft Regierens, die ausgeklügelte Grausamkeit der Unterdrückung jeglicher abweichenden Meinung[26] eines Hassan II., des Königs von Marokko, eines Mobutu, Bongo oder Arap Moi stehen dem Größenwahn, der Grausamkeit, der Verachtung des Volkes, die Schiwkoff in Bulgarien, Enver Hodscha und nach ihm Ramiz Alia in Albanien sowie Honecker in der DDR dreißig Jahre lang praktizierten, in nichts nach.

Nun, da die Mörder der Stasi außer Dienst und ihre Kollegen in Polen, Ungarn, der Tschechoslowakei und anderswo arbeitslos, die Bürokraten der verschiedenen Einheitsparteien in den Ruhestand geschickt worden waren, zweifelten die Afrikaner nicht daran, daß auch bei ihnen das Ende der Diktaturen nahe sei.

Am 9., 10. und 11. Mai 1990 revoltierten die zairischen Studenten in Lumumbashi. Kurz darauf protestierten im Herzen des Erdölzentrums von Gabun, in Port-Gentil, die Arbeiter und Studenten gegen die permanente Amtspflichtverletzung und die Plünderung öffentlichen Eigentums durch das Regime Omar Bongos. In Treichville (Elfenbeinküste) skandierten Demonstrationszüge von Studen-

ten und Arbeitslosen: »Houphouet ist unser Ceaucescu!«
Dezember 1990: in Marokko wurde ein Generalstreik
ausgerufen. In Ouagadougou und Bobodialasso, Burkina-
Faso, strömten die Schüler auf die Straßen; sie forderten
die Entlassung des Mörders von Thomas Sankara, des
Hauptmanns Blaise Campaòre.

Aber jeder dieser massenhaften Aufstände, jeder dieser
Streiks, alle Demonstrationen und Protestkundgebungen
bleiben ergebnislos. Im Osten wagen die Demokratie und
die Freiheit ihre ersten zögerlichen Schritte. Die Diktaturen im Süden widerstehen: unterstützt von seinen israelischen und französischen Beratern meistert Marschall
Mobutu die Krise; die Schlächter der mit Sondermaschi-
nen nach Shaba eingeflogenen Präsidentengarde greifen
sich willkürlich rebellierende Studentenführer heraus und
schneiden ihnen die Kehle durch. In Port-Gentil wird,
unter den Augen französischer Fallschirmspringer, der
Aufstand des Volkes in Blut ertränkt. Das gleiche in
Treichville. In Burkina-Faso sorgt Blaise Compaòre dafür, daß einige unbesonnene Militärs, Gewerkschaftler
und Schüler unter der Folter sterben oder erschossen werden. In Marokko beenden Hassan II. und seine Geheimpolizei problemlos einen Generalstreik, der die Form
eines Bettleraufstandes angenommen hatte. 110 Tote –
Arbeitslose, unterernährte Jugendliche zum größten Teil
– allein in Fès. In den Straflagern von Kelaa-M'Gouna,
hundert Kilometer von Ouarzazate entfernt, von Derb-
Moulay-Chérif mitten in Casablanca, von Tazmamart,
dem »Sterbelager des Atlas«, wo in unterirdischen Kerkern seit Jahren Dutzende junger Menschen schmachten,
die nie das Tageslicht zu sehen bekommen, treffen neue
Wagenladungen Gefangener ein. Die meisten dieser jungen Leute sind zu zehn und mehr Jahren verurteilt.

Regelmäßig veranstaltet das französische Neokolonial-
reich prunkvolle Hofbälle für seine arabischen und
schwarzen Vasallen. Der Präsident der Republik ruft
seine afrikanischen Satrapen zu einer großen Messe

zusammen, die man französisch-afrikanischen Gipfel nennt. Diese seltsamen Rituale spielen sich entweder in einem der renommierten Badeorte des Mutterlandes oder in der einen oder anderen vom Souverän auf diese Weise geehrten afrikanischen Hauptstadt ab. Die letzte dieser imperialen Zeremonien fand am 10., 11. und 12. Juni in La Baule statt. Themen waren: Gefahr einer Demokratisierung in Afrika, beunruhigende Freiheitsstürme. François Mitterrand riet seinen Vasallen, auf das Einparteiensystem zu verzichten und Wahlen stattfinden zu lassen. Félix Houphouet-Boigny, Omar Bongo und einige andere riefen daher »freie und allgemeine Wahlen« aus. Sie sorgten dafür, daß die Urnen schon vor der Eröffnung der Wahlen voll waren. Weise Voraussicht. Diese Potentaten wurden mit 75 und sogar 93 Prozent der Stimmen wiedergewählt.

Aber unter der Asche und in den Kerkern schwelt lautlos das Feuer. In den siegreichen Erhebungen in Europa, in den kühnen und erfolglosen Widerstandsbewegungen in Afrika findet sich die Hoffnung der Studenten-Märtyrer von Lumumbashi bestätigt.

In der Morgendämmerung des 20. September 1792, auf den vom Regen durchweichten Feldern und auf den Hügeln rund um das kleine Dorf Valmy, im Tal der Marne, beobachten die von Dumouriez und Kellermann befehligten Revolutionssoldaten die glänzend gerüsteten, endlosen Reihen der Armee des Herzogs von Braunschweig. Das reaktionäre, antirepublikanische, von den französischen Exilanten mobilisierte Europa, angeführt von den preußischen und österreichischen Feldmarschällen, bereitet sich darauf vor, Frankreich zu überrennen. Es geht darum, die Schmach vom August 1792 zu rächen, eine Revolution niederzuschlagen, die vom Atlantik bis in die weiten Ebenen Ungarns die Hoffnung der geknechteten Völker weckte.

Kanonendonner, das Geschützfeuer der Artillerie und aus Zehntausenden Kehlen der eine Schrei: »Es lebe die

Nation!« An den Soldaten von Dumouriez und Kellermann, in ihren zerfetzten Uniformen und mit ihren wahl-
los zusammengerafften Waffen, bricht sich an diesem
einen Morgen die Woge der Rache des verbündeten Europas. Von einer Anhöhe hinter den preußischen Linien aus
beobachtet ein fünfundvierzigjähriger Mann mit gebeug-
tem Rücken, grauen Schläfen und fiebrigen Augen, ein
Minister des Herzogtums Weimar, die Szene. Hinter ihm
steht sein Bedienter, der ihn vor wenigen Augenblicken
auf den Armen über die aufgeweichten Wege getragen hat.
Goethe ist krank, aber bei klarem Verstand. In seinem
Notizbuch vermerkt er: »Von diesem Tag und von diesem
Ort nimmt ein neues Zeitalter in der Geschichte der
Menschheit seinen Ausgang.« Später wird er, im Gespräch
mit seinem Freund Eckermann, sagen: »Die französischen
Soldaten hätten genausogut rufen können: ›Es leben alle
Nationen!‹ ... Das ist der tiefere Sinn ihres Rufs.«

Die sogenannte Kommandowirtschaft – die bis zum Äußersten getriebene Planwirtschaft –, die Willkürherrschaft,
die unter den Funktionären herrschende Korruption, das
völlige Fehlen jeglicher Demokratie, folglich auch von
Motivation und Einzelinitiative, sind für die absolute
Zerrüttung der osteuropäischen Gesellschaften verantwortlich.

Tiefreichende und schmerzliche kulturelle Entfremdung, hervorgerufen durch die gewaltsame Aufpfropfung
einer beschwörenden und demoralisierenden Staatsideo-
logie, versteckte Arbeitslosigkeit, Elend, vollkommener
Verlust jedweden Sinns für ein gemeinsames Schicksal.
Ein geschlossenes System, das Klaustrophobie und Hoffnungslosigkeit hervorruft. Alle diese Zerstörungen wurden den alten, kulturell so reichen Gesellschaften Osteuropas von einer kleinen Minderheit militanter Verbrecher
zugefügt, die sich zu diesem Zweck des Instruments des
Staatsterrorismus bedienten. Für die Völker Osteuropas
bedeuteten die sowjetische Kolonialmacht und ihre lokalen

Satrapen in erster Linie, daß sie kulturell verstümmelt, ihrer Geschichte beraubt wurden.

Die Aufstände, Streiks, Kundgebungen und Umzüge im Namen der Freiheit, die wir in den vergangenen drei Jahren miterlebt haben, legitimieren nicht die kapitalistische, marktorientierte Ordnung des Westens. Nicht, um den »freien Markt« mit seinen unvermeidlichen Folgen – Emigration, Hunger, Demütigungen und rassistische Ablehnung – einzuführen, haben sich die Arbeiter von Danzig den mit dem blutroten Stern geschmückten Panzern entgegengestellt. Der Dschungel des Kapitalismus bringt nur Dummköpfe zum Träumen. Die kompromißlosen Dissidenten von Prag, die friedlichen Revolutionäre von Leipzig haben dem Gefängnis, manchmal dem Tod getrotzt für eine Sache und ein Gedächtnis, die früher etwas galten: für die Nation, ihre Wiedererstehung.

Blaise Pascal: »Der Mensch ist ein Nichts, Gottes fähig.« Unter »Gott« ist persönliche Verantwortlichkeit, ein erwachendes Bewußtsein, Vernunft, Liebe, freie Wahl zu verstehen. Mit der Gewalt eines Sturzbaches brechen diese uralten, plötzlich geweckten Sehnsüchte in Osteuropa auf und zerschlagen die einstige sowjetische imperiale Ordnung.

Denn heute schöpfen die unterjochten Völker ihren Mut, frei zu sein, aus ihren autochthonen Kulturen, ihren kollektiven Identitäten, ihren uralten Traditionen. Das, was wir seit drei Jahren fasziniert miterleben, ist der Aufstand der Nation gegen das Imperium, des Menschen gegen das Tier.

Bleibt noch ein Paradoxon zu klären: in dem Augenblick, da die Völker im östlichen Teil unseres Kontinents hartnäckig daran festhalten, ihre jeweils eigenen nationalen Identitäten wiederherzustellen – die nationalistischen Zentrifugalkräfte sind dabei, die Vielvölkerstaaten Tschechoslowakei und Jugoslawien auseinanderzureißen; sie fordern die Rückkehr zu den ursprünglichen ethnischen und sprachlichen Einheiten –, entäußern sich die Nationalstaaten des Westens freiwillig ihrer Souveränitätsrechte. Voltaire: »Die Nation ist eine auf einem genau begrenzten Gebiet angesiedelte Gruppe von Menschen, die eine politische Gemeinschaft bildet und sich durch das Bewußtsein ihrer Einheit und ihres Willens, gemeinsam zu leben, auszeichnet; Rechtsperson, konstituiert durch die Gesamtheit der Individuen, die einen Staat bilden, aber von diesem verschieden, ist sie subjektiver Rechtsträger der Souveränität.«[27]

Das Paradoxon kann deutlicher nicht sein: die Völker Westeuropas, die seit Generationen in Freiheit das erhebende Abenteuer der territorialen Kontrolle gelebt haben, der politischen Gemeinschaft, des Bewußtseins der Einheit, der Souveränität des Staates und des Willens, gemeinsam zu leben, beschließen heute – auf der Grundlage neuartiger gesellschaftlicher Institutionen –, eine umfassende wirtschaftliche, politische, soziale, kulturelle Gemeinschaft zu schaffen, die die Entfaltung einer vor brudermörderischen Konflikten zischen den Nationen sicheren, dauerhaften demokratischen Zukunft ermöglichen soll. Die Völker im Osten, die eben erst aus der Nacht des Totalitarismus aufgetaucht und in ihrer Identität zutiefst verstümmelt sind, verspüren hingegen ein ganz anderes Bedürfnis: jedes für sich zu den Wurzeln der Vorfahren zurückzufinden, zu den Quellen seiner Einzigartigkeit.

Und die dritte Welt? Der Kampf um ihre Identität und gegen die jahrhundertlange Entfremdung, den die Völker der dritten Welt führen, trifft heute auf noch nie dagewesene Schwierigkeiten.

Besonders dramatisch ist die Situation für die schwarzafrikanischen Völker.

Einige Zahlen zur Orientierung: 382 Millionen Männer, Frauen und Kinder leben in 46 Ländern südlich der Sahara (letzte zuverlässige Zahlen: demographischer Jahresbericht der Vereinten Nationen 1983, der sich auf das Jahr 1982 bezieht), 116 Millionen Einwohner in den fünf maghrebinischen Ländern Nordafrikas. Mehr als 5 Millionen Schwarzafrikaner sind 1991 beim Hochkommissariat der Vereinten Nationen als politische Flüchtlinge im Sinne der internationalen Konventionen registriert. Diese Flüchtlinge, die in Lager gepfercht werden oder sich selbst überlassen bleiben, sind die Opfer von Bürgerkriegen, planmäßigen Massakern, rassistischen Völkermorden und der verschiedensten Konflikte. Ein Beispiel: Hunderttausende eritreischer Hirten, Bauern und Städter, die vor den Splitterbomben und dem Napalm der äthiopischen Luftwaffe geflohen sind, vegetierten jahrzehntelang in den Lagern im Ostsudan dahin. In Mozambique verwüstet eine terroristische Organisation namens *Renamo*, die von Südafrika finanziert wird – und merkwürdigerweise bis vor kurzem von deutschen Geheimdiensten unterstützt wurde –, die Dörfer im Osten und Norden; sie jagt Hunderttausende oft verkrüppelter und unter Schock stehender Überlebender Richtung Malawi, Swasiland und Simbabwe. Im südlichen, bewaldeten Sudan tobt seit 1955 ein grauenhafter Bürgerkrieg zwischen den Völkern der Dinka, Shilluk und Nuer gegen die arabischen und nubischen Beherrscher im Norden; Ströme unterernährter, am Rande der Existenz dahinsiechender Flüchtlinge quälen sich über die Straßen. Burundi: die regierende Minderheit der Tutsi (18 Prozent der Bevölkerung) dezimiert in blindem Rassenhaß seit 1972 in regelmäßigen Abständen ihre Landsleute vom Stamm der Hutu (vor allem solche, die eine Ausbildung haben); periodisch fliehen die Überlebenden dieser Massaker nach Ruanda, Tansania, seltener nach Zaire.

1990: die Kru, jene Kulturgruppe, der der ermordete (und mörderische) Präsident Samuel Doe angehörte, fliehen aus ihren Stammesgebieten in Liberia, von der Soldateska der Generäle Taylor und Prince in die benachbarten Gebiete der Elfenbeinküste (wo ebenfalls Kru leben) gejagt.

Im Tschad reißen die Kriegsherren, die alle aus dem Tibesti stammen, in N'Djamena die Macht an sich. Im Dezember 1990 der bislang letzte Umsturz: Idriss Déby und seine bewaffneten Horden verjagen die Goran von Hissène Habré aus N'Djamena; letzterer war acht Jahre zuvor an die Macht gekommen, indem er Goukouni Ouéddëi, den Sohn des Derdeï der Toubou, hinwegfegte.[28] Die Opfer? Mit schöner Regelmäßigkeit sind es die schwarzen Einwohner des Südens, vor allem die Sara, die leiden, hingeschlachtet werden oder nach Kamerun und in die Zentralafrikanische Republik fliehen.

In Ruanda gibt seit 1962 der Stamm der Hutu den Ton an. Die Folgen: mehrere hunderttausend überlebende Tutsi fliehen nach Uganda. Oktober 1990: bewaffnet von Museweni, versuchen ihre Söhne, die verlorenen Gebiete zurückzuerobern, werden aber im Guerillakrieg im Norden des Landes aufgerieben.

In Niger und in Mali leiden eineinhalb Millionen Tuareg unter der blutigen Unterdrückung, der rassistischen Verfolgung durch die herrschenden Schwarzafrikaner; seit 1989 tobt der Guerillakrieg im Adrar des Iforas.

Die Hälfte aller Flüchtlinge auf der Erde, die entsprechend den Konventionen der Vereinten Nationen als solche anerkannt sind, lebt heute in Schwarzafrika.

Die schwarzafrikanischen Völker, im Laufe der Jahrhunderte immer wieder Opfer grauenhafter Katastrophen, sind heute die mobilsten auf der ganzen Welt: von 1526 (der Errichtung des Vizekönigreichs von Bahia in San Salvador durch Tomá de Souza) bis 1888 (als Prinzessin Isabella von Brasilien den Erlaß zur Abschaffung der Sklaverei unterzeichnete) wurden mehr als 20 Millionen Männer, Frauen und Kinder aus ihrer heimischen Umgebung gerissen und von europäischen und arabischen Sklavenhändlern über die Meere verschleppt. Wie viele Migranten sind es heute? Eine erschöpfende Studie zu den innerafrikanischen Wanderbewegungen der Internationalen Organisation für Arbeit gibt folgende Antwort: »Auf der Grundlage eines ziemlich grob geschätzten, aber allgemein angenommenen Verhältnisses zwischen Flüchtlingen und der geschätzten Gesamtzahl von Migranten, das etwa eins zu sechs oder eins zu sieben beträgt, kann man, ausgehend von 5 Millionen Flüchtlingen, vermuten, daß die Gesamtzahl der Migranten sechs- bis siebenmal höher liegt.«[29]

Zu den politisch Verfolgten muß man also noch etwa 35 Millionen Männer und Frauen hinzurechnen, die vor dem Elend, dem Hunger, der permanenten Arbeitslosigkeit fliehen, Überlebende regelmäßig wiederkehrender Dürren und ständig sich wiederholender Naturkatastrophen. Diese Migranten ballen sich an den Rändern der großen Städte zusammen: Abidjan, Lomé, Kampala, Dar-es-Salaam, Nairobi, Mombasa, Dakar, Khartum und anderen. Ihre soziale Zusammensetzung ist vielschichtig: traditionelle Wanderarbeiter, Mossi (mehr als eine Million), die aus den zentralen Hochebenen von Burkina zu den Kakaoplantagen in den Waldgebieten der Elfenbeinküste und Ghanas ziehen. Ausgebeutete schwarze Arbeiter aus Gaza (im Süden Mozambiques), die sich in den Uran- und Goldminen der Randberge oder von Transvaal verdingen, damit sie und ihre Familien überleben können. Die Beispiele sind Legion.

Mehr als zehn Prozent der gesamten schwarzen Bevölkerung Afrikas sind heute unterwegs, Männer und Frauen, aus ihrer heimischen Umgebung gerissen, ihrer politischen Rechte beraubt und ohne die geringste soziale Absicherung.

Und was macht die reiche, mächtige, kapitalistische Handelsmacht, das von Forschungslabors, rationalisierten Industrien, umfassenden Kommunikationssystemen übersäte, mit Technologien, mit Geldern im Überfluß gespickte Europa?[30] Es vereinigt sich … und verbarrikadiert sich! In seinem Schoß wächst ein Monster heran: der Ethnozentrismus.

Es ist nur natürlich, daß die Millionen schwarzer (aber auch maghrebinischer und asiatischer) Migranten, die auf ihrem Heimatkontinent weder eine Lebensgrundlage noch überhaupt eine Hoffnung auf Überleben finden, hierherkommen wollen. Sie rennen gegen Stacheldrahtzäune an, gegen Mauern aus Polizisten, die einen Kontinent abschirmen, der künftig für die Weißen reserviert sein soll.

Seit den ersten Gründungsbeschlüssen von Rom (1957) wird jedes Vertragswerk, jeder neue Schritt auf dem Weg zu einer allmählichen Vereinigung Europas im gleißenden Licht des Fernsehens und unter lauten Fanfarenklängen verkündet, ein Ausdruck lärmender, selbstgefälliger Zufriedenheit.

Die Trennung der Kontinente

7400 Eurokraten sind im Hauptquartier der EG, dem abweisenden Kasten aus Glas und Beton in Berlaymont, im verwüsteten Herzen des alten Brüssels, überaus geschäftig. 1989 haben sie mehr als 3400 Erlasse, Entscheidungen, Verordnungen, *findings* – von Bestimmungen betreffs Qualitätsvorschriften für Toilettenpapier über die Definition von »echter Sangria« bis hin zur Verwendung von Plastikverpackungen (81 Paragraphen) –, die für das Gebiet der Mitgliedsstaaten der EG Geltung haben sollen, veröffentlicht.[31]

Aber die sogenannten Schengener Beschlüsse[32] wurden hinter verschlossenen Türen, unter äußerster Diskretion, in nächtlicher Verschämtheit gefaßt. Sie sind von grundlegender Bedeutung für den Polizeistaat Europa. Öffnung der Grenzen, freier Verkehr, dann allmähliche Abschaffung der Zollschranken? Ja – für die Weißen, die Christen, die Europäer. Aber Abschiebung, Visumzwang – allerdings werden Visa nur selten gewährt –, Demütigungen und Kontrollen für die ausgehungerten Männer und Frauen brauner oder schwarzer Hautfarbe, die eine merkwürdige Sprache sprechen und einem fremdartigen Glauben anhängen.

Was für ein entsetzlicher Rückschritt! Selbst die friedliche schweizerische Eidgenossenschaft, die vier verschiedene Nationalitäten umfaßt und lange Zeit ein Modell für die Öffnung zur Welt war, das einzige von den 18 Industrieländern der OECD, das Jahr für Jahr eine aktive Handelsbilanz mit den 122 Ländern der dritten Welt aufweist, führte im Januar 1991 den Visumzwang für maghrebinische Staatsangehörige ein. Was die Schwarzafrikaner betrifft, so können Sie ganz beruhigt sein: sie erhalten schon seit langem keine Einreise- oder Arbeitsgenehmigung mehr für die Schweiz.

Sehen Sie sich nur einmal das Drama des Soninké-Migranten vom Oberlauf des Senegal, des kabylischen Arbeitslosen, des marokkanischen Hungerleiders an, die 1991 ihr Heil an einem Fließband in Nanterre, in Düsseldorf, in Twickenham oder in Barcelona suchen! Quasi automatische Abschiebung, vielfach Beleidigungen.

Das supranationale, integrierte Computersystem der Grenzpolizeien funktioniert reibungslos. Die Unterbindung der Einwanderung aus außereuropäischen Ländern ist eine große und edle Errungenschaft der EG und des EWR.

Rassismus? Nein.[33] Jeder von seiner Mission durchdrungene Eurokrat wird Ihnen erklären: eigennütziger und legitimer Schutz der im Laufe von vier Jahrhunderten in kolonialen Raubzügen angehäuften Reichtümer, gesunde Weigerung, deren Früchte mit den Millionen Bettlern aus dem Süden zu teilen. Gleichzeitig – glorreiche Konsequenz der Beständigkeit des neokolonialen Systems, mit dessen Hilfe Afrika unterdrückt wird – arbeiten Zehntausende Europäer, ob qualifiziert oder nicht, an der Elfenbeinküste, in Marokko, in Senegal, in Gabun, in Simbabwe, in Zaire und verdienen dort ihr Geld.

Eine Beziehung auf Gegenseitigkeit? Keineswegs. Diskriminierung? Immer.

Roger Bastide spricht von dem »köstlichen Wissen«*, das sich bei der einzigartigen Begegnung zwischen Menschen unterschiedlicher Erfahrung, Kultur und von verschiedenem Gedächtnis überträgt. Neben und unter der Kultur der Gebildeten existiert – mächtig wie ein unterirdischer Strom – die synkretistische Kultur. Sie erwächst aus Rassenmischung, Völkervermischung, durch zufälligen, von den jeweiligen Umständen abhängigen, unvorhersehbaren Austausch, durch nichtbegriffliche Wahrnehmungen eines jeden einzelnen.

Na schön, meine Freunde! Damit ist jetzt Schluß. Die Blicke, die Laute, die Samen und die Gedächtnisse Afrikas und Europas werden sich nicht mehr vermischen – allenfalls aus Versehen. So, wie zu Beginn der Kreidezeit vor mehr als 130 Millionen Jahren die heutigen Kontinente auseinanderdrifteten[34], entfernt sich heute Europa von Afrika. Die Eurokraten von Brüssel, ihre Komplizen in den Behörden der Mitgliedsstaaten von EG und EWR, die marktorientierte Rationalität, der abgrundtiefe Egoismus der Weißen, der Europäer und der Reichen, haben so entschieden.

Es stimmt: das Europa von 1991 sucht und findet teilweise seine verlorene Identität wieder. Sie stellt die Homogenität eines kollektiven Bewußtseins wieder her, das lange Zeit zersplittert war. Seit den Kreuzzügen hat Europa keinen solchen Hunger nach kollektiver Identität mehr verspürt. Unter den Mauern von Jerusalem fand zwischen den Europäern und den Arabern 1187 die Entscheidungsschlacht statt. Den Kreuzrittern stand ein aus dem Dorf Tikrit am Oberlauf des Tigris in Mesopotamien gebürtiger außergewöhnlicher Kurde gegenüber: Saladin el-Aijub. Er besiegte die Christen. Ihn umgaben, vereint

---

* *savoir savoureux* – ein schier unübersetzbarer Begriff.

in einem gemeinsamen Ziel, selbstbewußte Menschen von hoher Kultur. Der kurdische Sultan verkörperte eine wissenschaftliche, technologische und philosophische Zivilisation, die der seiner ungehobelten fränkischen Gegner weit überlegen war. Die Welt Saladins drängte sich als Gegenmacht auf, als siegreicher Widerpart, ein autonomes und strahlendes Zentrum der Kultur gegenüber dem verbündeten Europa mit seinem lärmenden Anspruch auf die Weltherrschaft.

Die Aijubiden-Sultane (Saladin, Širkuh und andere), die im 12. Jahrhundert Ägypten, Mesopotamien, Palästina und Syrien beherrschten, waren offenbar nicht die einzigen Randmächte, die mit Erfolg den universalistischen Bestrebungen der Europäer die Stirn boten. Ein ebenso aufschlußreiches Beispiel aus älterer Zeit ist die sunnitische Dynastie der Abbasidenkalifen in Bagdad. Um die Wende zum 8. Jahrhundert war Bagdad die bei weitem prächtigste, reichste und die in Kunst und Wissenschaft führende Stadt des gesamten Mittelmeerraums. Zwischen 803 (Hinrichtung seines Wesirs, des Barmakiden Jahja) und 809 (Todesjahr) verbündete sich Harun ar-Raschid als gleichberechtigter Partner mit Karl dem Großen gegen seine Rivalen, die Omaijadenkalifen in Spanien.

Jetzt, Ende des 20. Jahrhunderts, ist die Situation eine grundlegend andere: nahezu die gesamte dritte Welt – und ganz besonders Afrika und der Vordere Orient – ist von völlig orientierungslosen Völkern bewohnt. Aufgesplitterte, instabile Mächte, offen ausgetragene Streitigkeiten, regionale, widersprüchliche Formen des Bewußtseins, zerstückelte Identitäten ... nichts, das sie befähigte, sich erfolgreich dem Kreuzzug der triumphierenden europäischen Warenrationalität entgegenzustellen.

Noch etwas: im Januar 1991 versammelten sich im Genfer Völkerbundpalast einige tausend Unterhändler, unter ihnen die kompetentesten der Welt, zu den Abschlußgesprächen der sogenannten Uruguay-Runde: das GATT

(*General Agreement on Tariffs and Trade* = Allgemeines Zolltarif- und Handelsabkommen) ist die für die Förderung eines weltweit möglichst ungehinderten Austauschs von Gütern und Dienstleistungen zuständige multilaterale Weltorganisation. Sein Ziel: so weit als möglich die Zollschranken, die Kontingentbeschränkungen und so weiter abzubauen, die der größtmöglichen Freiheit des Handels abträglich sind. 1989 überschritt das Gesamtvolumen des Welthandels (Geldwert der ausgetauschten Güter und Dienstleistungen) 3000 Milliarden Dollar.

Im Verlauf der Uruguay-Runde (so benannt, weil sie in früheren Jahren in Montevideo und Punta del Este eröffnet worden war) erlitten nun die 122 Länder der dritten Welt eine schwere Niederlage. Zum ersten Mal gelang es den Industriemächten – und allen voran der EG –, in das GATT Sanktionen aufzunehmen, das heißt, weltweit verbindlich festzuschreiben, die die Gültigkeit solcher Rechte wie Warenzeichen, Patente, kurz, alle Güter, die sich aus dem Schutz intellektueller Errungenschaften ableiten lassen, gesetzlich anerkennen.

Mit anderen Worten: die wissenschaftliche, technologische Vorherrschaft, die Beherrschung und die Entwicklung wissenschaftlicher Neuerungen, die weltweit in den Händen der europäischen, amerikanischen und japanischen Forschungszentren, Universitäten und Labors liegen, sind jetzt durch internationales Vertragsrecht legitimiert, kodifiziert und sanktioniert.

Es gibt noch vielfältige andere Gründe für die allmähliche Auflösung der uralten Beziehungen zwischen Europa und Afrika. Einige von ihnen wollen wir nennen.

In den Jahren zwischen 1960 und 1980 verlagerten viele europäische Industrien ihre Standorte in die dritte Welt. Steuerfreie Produktionszonen entstanden: von der Insel Mauritius bis Singapur, Südafrika und Gambia. Vor allem handelte es sich dabei um Industrieanlagen zur Herstellung von Gütern (Autos, Werkzeugmaschinen und so weiter), deren technologische Entwicklung weitgehend abgeschlossen, das heißt, bei denen nicht mehr mit einer qualitativen Veränderung zu rechnen war. In Europa blieben im wesentlichen die Labors, die Forschungszentren, die modernsten Industrien, kurz, alles, was für das Know-how relevant ist.

Der Grund für diese Verlagerung von Produktionsanlagen ins außereuropäische Ausland war offensichtlich: die Industrie ging dorthin, wo die Arbeitskosten (und außerdem die steuerlichen Belastungen) am niedrigsten waren. Beispiel: in Port-Louis (Insel Mauritius) arbeiten die Frauen im Primär- und Sekundärsektor im Durchschnitt 55 Stunden die Woche zu einem dreimal so niedrigen Lohn, wie dem in der Schweiz ausbezahlten; die Schweizer Uhrenindustrie verlagerte daher bestimmte Herstellungsverfahren, bei denen keine qualifizierte Handarbeit erforderlich war, dorthin. Das gleiche galt für die Textilindustrie: in weniger als einem Jahrzehnt wurde der Großteil der St. Gallener und Zürcher Textilindustrie nach Südkorea transferiert. Volkswagen gründete eine Niederlassung in Brasilien.

Heute hat sich die Entwicklung umgekehrt: die Methoden einer extremen Rationalisierung, die neuen Verfahren (die fast vollständig automatisierten Produktionsabläufe werden durch Computer gesteuert), der Einsatz von Robotern in vielen Bereichen tragen dazu bei, daß die menschliche Arbeit, das heißt die Lohnkosten, nur mehr als *quantité négligeable* in die Kalkulationen der Industriebetriebe eingehen. Dafür steigen die Kosten für Interkontinentaltransporte von Gütern. Deshalb werden jetzt die Produktionsanlagen nach Europa zurückverlagert.[35]

Kein einziges Land Schwarzafrikas – mögliche Ausnahme: Nigeria – hat einen Binnenmarkt für Konsumgüter geschaffen, der diesen Namen verdienen würde.

Ein weiterer Grund für das rapide Auseinanderdriften der Kontinente: die Rohstoffe der dritten Welt (außer Erdöl und einigen seltenen Erzen) verlieren rasant an

Bedeutung. Jeden Tag werden neue Ersatzstoffe entwik-
kelt. Die Baumwolle aus Ägypten, dem Tschad, aus Nicaragua? Synthetische Fasern ersetzen sie. In der Schweiz
verbraucht seit 1988 kein Mensch mehr Rohrzucker. Der
Überschuß an Zuckerrüben in der EG ist so groß, daß die
europäischen Konsumenten Rübenzucker fast kostenlos
bekommen. Besonders hart trifft dies die Länder, die
auf den Export von Rohrzucker (oft Monokulturen)
angewiesen sind, wie Kuba, Nicaragua, Honduras und
Brasilien ...

Ich werde nie vergessen, wie ich (hier redet J. Z.) 1986
die ständige Industrie- und Landwirtschaftsausstellung in
Yokohama besuchte: praktisch alle afrikanischen und
sonstigen Agrarprodukte, alle Blumen, Gemüse- und Ge-
treidesorten und so weiter werden außerhalb des natür-
lichen Nährbodens gezüchtet, in Quantitäten und Quali-
täten, die schlichtweg überwältigend sind.[36]

Es ist kaum mehr zutreffend, heute noch von einer Beherrschung der afrikanischen Wirtschaften durch auslän-
disches Kapital zu sprechen. Natürlich gibt es da noch das
schreckliche Problem des Schuldenbergs, der durch die
strukturelle Anpassung hervorgerufenen sozialen Verwü-
stungen.[37] Aber Fremdkapital wird in Schwarzafrika
kaum mehr investiert (abgesehen vom Erdöl- und Erzsek-
tor zum Beispiel in Gabun, Nigeria und Zaire). Die In-
vestoren ziehen sich zurück. Die Instabilität, die niedrige
interne Akkumulationsrate der afrikanischen Wirtschaften reizen niemanden, sich in den Bereichen Industrie,
Dienstleistungen, Transport und Verteilung zu engagie-
ren. Seit drei Jahren ist der Kapitalfluß von Süd nach Nord
wesentlich größer als der von Europa (Amerika, Japan)
nach Afrika.

Eine eingehende Untersuchung der Außenhandels-
bilanzen der 18 Industriestaaten der OECD zeigt, daß die
Handelsvolumina mit den afrikanischen Ländern südlich
der Sahara absinken, und zwar bisweilen beträchtlich.[38]
Diese Abnahme des Nord-Süd-Austauschs wird keines-

wegs durch eine Intensivierung des Süd-Süd-Austauschs kompensiert. 1989 wurden nur 5,6 Prozent des Außenhandels der schwarzafrikanischen Länder auf dem Subkontinent selbst abgewickelt.

1970 hatten die industrialisierten Länder sich verpflichtet, innerhalb von zwanzig Jahren ihren Entwicklungshilfebeitrag auf eine Summe entsprechend 0,7 Prozent ihres Bruttosozialprodukts zu erhöhen. 1990: die Beiträge liegen bei durchschnittlich 0,35 Prozent, das heißt, sie zahlen nur die Hälfte dessen, was sie versprochen haben. Und schon stagnieren die Beiträge oder sind sogar erneut rückläufig.

Als Grund dafür wird der notwendige Aufbau Europas angeführt. Die vom EG-Gipfel der Regierungschefs im November 1990 in Rom festgelegte Strategie ist ehrgeizig: Wiederaufbau der in vierzig Jahren totalitärer Macht und Mißwirtschaft zugrunde gerichteten Wirtschaften Osteuropas, Zusammenschluß der solchermaßen neubelebten Wirtschaften zu einer Zone regionaler Integration, Angliederung dieser Zone an den EWR und endlich: in einer noch unbestimmten Zukunft die Vereinigung sämtlicher peripherer Integrationszonen zu einer EG, die eine wirtschaftliche und politische, kontinentale und supranationale Gemeinschaft werden soll.

Allein die erste Phase wird die EG mehrere hundert Milliarden Dollar kosten.

Das heutige Afrika driftet wie ein Floß in der Nacht ab, auf ein Schicksal neuer und radikaler Einsamkeit zu.

Trotz einiger Sonntagsreden, vor allem von Jacques Delors, interessiert sich der europäische Beherrscher herzlich wenig für den schwarzen Beherrschten. Wohin treibt Afrika? Europa ist das im Grunde genommen gleichgültig.

An einem heißen Sommerabend im Jahre 1888 hat die Prinzessin Isabella, in Abwesenheit ihres Vaters Regentin des brasilianischen Kaiserreichs, im »Ehrensalon« des

Palais an der Praça 15 in Rio de Janeiro eben das Dekret zur Abschaffung der Sklaverei unterzeichnet. Der General Rio Branco, überzeugter Anhänger der positivistischen Philosophie Auguste Comtes und Freimaurer, fragt sie sorgenvoll: »Was wird jetzt aus all den schwarzen Familien werden, aus all diesen auf unseren Feldern, in unseren Minen, in unseren Häusern freigelassenen Sklaven?« Isabella antwortet hochmütig: »Ich habe meine Pflicht erfüllt. Ich habe dem Gesetz der Moral gehorcht.« Anders gesagt: was kümmert mich das Schicksal dieser anonymen Masse von Menschen, die von Hautfarbe, Herkunft und Glauben her so völlig anders sind als ich!

Hundert Jahre später argumentieren die Eurokraten von Brüssel nicht anders.

Der Rassismus ist das absolute Verbrechen, die äußerste Form des Hasses. Ein Schwarzer, ein Araber, ein Jude, die gehaßt werden, weil sie schwarz, arabisch oder jüdisch sind, können diesem Haß nicht entkommen, denn sie können – in den Augen der Rassisten und in ihren eigenen Augen – nicht aufhören, schwarz, arabisch oder jüdisch zu sein. Es gibt keine gewaltsamere, keine vollkommenere Absonderung als die rassistische. Sie ist die unwiderrufliche Negation des Menschseins des anderen. Das Opfer wird ganz einfach aus der Gemeinschaft der Lebenden ausgeschlossen, jedwede Ähnlichkeiten mit dem ihm Ähnlichen werden ihm verweigert.

Die heute allgemein akzeptierte Definition von Rassismus hat die UNESCO so formuliert: eine Doktrin, die vorgibt, in den intellektuellen und moralischen Wesensmerkmalen, die einer Gemeinschaft von Individuen zugeschrieben werden, wie auch immer man sie definiert, die unvermeidliche Folge eines gemeinsamen genetischen Erbes zu sehen. Das war und ist zu allen Zeiten der Rassismus des Nazis, des Antisemiten, des Afrikaners aus Südafrika, des Ku-Klux-Klan-Mannes, des Faschisten.

Diesen Rassismus muß man immer und überall kompromißlos bekämpfen.

1971 hält Claude Lévi-Strauss im großen Saal der
UNESCO in Paris eine Rede über »Rasse und Kultur«.
Das Publikum ist fassungslos. Der Redner stellt die These
zur Diskussion, daß die heftige Ablehnung des anderen,
die irrationale Verweigerung des Dialogs zwischen Kulturen – alles Verhaltensweisen, wie sie für Rassisten
charakteristisch sind – selbst ein Samenkorn der Hoffnung bergen: die strikte Absonderung kann – meint Lévi-
Strauss – die »schöpferische Bejahung einer jeden einzelnen Identität« fördern. Sie kann »den Preis darstellen, der
dafür entrichtet werden muß, daß die Wertsysteme jeder
geistigen Familie oder Gemeinschaft bewahrt werden und
sie die zu ihrer Erneuerung nötigen Ressourcen in ihrem
eigenen Fundus finden«.[39]

Lévi-Strauss spricht hier natürlich nicht vom Rassismus, so wie ihn die UNESCO definiert. Der Anthropologe
spricht von etwas völlig Anderem: von dem, was er als
»freiwillige Unansprechbarkeit, die Unterscheidung, die
sich durch absichtliches Unwissen vollzieht«, bezeichnet.
Worum geht es dabei? Jeder Mensch, der nicht durch die
marktorientierte Rationalität völlig entfremdet ist, bleibt
mit den grundlegenden Werten verbunden, die für seine
Identität charakteristisch sind und die ihm im Rahmen
seiner Sozialisation vermittelt wurden. In bestimmten
Fällen kann diese Verbundenheit ihn vollkommen blind
für die Werte der anderen machen und ihn folglich – trotz
einer ursprünglichen Liebe zum Leben, zu allen Lebe-
wesen – zu einem diskriminierenden Verhalten verleiten,
das dem Rassismus nahe kommt.

Um zu widerstehen, bleibt dem Opfer ein einziger Aus-
weg: ganz in sich selber einzutauchen und dort die – historischen und kulturellen – Wurzeln seines ureigenen Seins,
dessen autonome Werte auszugraben; auf diese Weise
wird es ihm möglich, das ihm abgesprochene Menschsein
wiederzuerlangen und sich seiner zu versichern.

Konkret auf Deutschland angewendet heißt das: der Skinhead, der junge Neonazi, der Asylanten angreift, ist ein Rassist. Mit ihm ist keine Diskussion möglich. Er muß mit allen Mitteln der Vernunft, der Polizeigewalt des demokratischen Rechtsstaates bekämpft werden. Der Skinhead ist – nach UNESCO-Definition – ein reiner, unversöhnlicher Rassist, ein Feind der Menschheit und der Zivilisation. Der in seinem Klassenbewußtsein, in seiner Gruppenidentität verwurzelte deutsche Klein- oder Großbürger, der bayerische Bauer oder friesische Inselbewohner, der sich über die türkische Nachbarsfamilie ärgert, deren Eß-, Wohn-, Lebensgewohnheiten ablehnt, ihre Musik verabscheut, ihren Gruß nicht erwidert und den menschlichen Kontakt zu ihr ablehnt, ist meistens kein Rassist, sondern bloß ein Mensch, den die eigene Sozialisation, die eigenen zu engen Wertvorstellungen vom fremden Mitmenschen abgeschottet haben. Er praktiziert – nach Lévi-Strauss – die »freiwillige Unansprechbarkeit«. Er will nichts vom anderen und seiner Kultur wissen. Damit zwingt er die Türkenfamilie, sich auf ihre eigene Identität, ihr tiefstes kulturelles Erbe zu besinnen, sich gemäß ihrer ureigensten türkischen Wertvorstellungen zu rekonstruieren. Aus dem Bösen kommt somit Gutes, aus der Ablehnung, der Negation wird Eigenständigkeit, Singularität, Widerstandskraft geboren.

Wir erleben die Zeit der Abkoppelung Afrikas von Europa, die Zeit des allmählichen Auseinanderdriftens der Kontinente. Abschottung Europas gegenüber Einwanderern aus Afrika, Verhinderung des kulturellen Projekts einer Rassenmischung, Einschränkung der Handelsbeziehungen zwischen dem Süden und dem Norden, Verlagerung des Kapitals von Süd nach Nord mit Hilfe des drückenden, schamlosen Schuldendienstes, Ersetzung der meisten agrarischen Rohstoffe Afrikas durch synthetische oder künstlich gezüchtete Produkte. Die Weltordnung zerfällt.

Kennzeichen dieser Ordnung war die Ungleichheit: 1988 konsumierten 16 Prozent der Weltbevölkerung 63 Prozent aller auf unserem Planeten produzierten Waren.

Es war eine imperialistische, oft mörderische Ordnung der Ungleichheit, gegründet auf die Vorherrschaft des Westens und die Unterdrückung Afrikas. Aber diese Ordnung stellte trotz allem die Einheit der menschlichen Gesellschaft auf dieser Erde sicher, selbst wenn es sich – um mit Sartre zu sprechen – um eine »negative Einheit« handelte.

Heute zerfällt diese Weltgesellschaft. Wie zu Beginn der Kreidezeit vor 130 Millionen Jahren entfernen sich die Kontinente voneinander: Lateinamerika, Afrika, einige Inselgruppen, Halbinseln und Wüsten in Asien lösen sich von Europa und seiner Diaspora in Nordamerika und im Pazifik. Oder vielmehr: die Kontinente der dritten Welt werden wie nächtliche Flöße von Europa zurückgestoßen, das, nachdem es seine alte Einheit und die Fülle seiner Macht wiederentdeckt hat, sich künftig nur noch für sich selbst und vielleicht noch für Japan interessieren wird.

Ein einschneidendes begriffliches und methodologisches Umdenken erwartet die Forscher an den Universitäten (Soziologen, Wirtschaftswissenschaftler, Politologen und andere), die sich der Untersuchung der Nord-Süd-Beziehungen, des imperialistischen Systems, der Strukturen der Ungleichheit, der weltweiten Schichtung, der Mechanismen der vielschichtigen interkontinentalen Akkulturation widmen. Einige Untersuchungsgegenstände verschwinden: die Weltgesellschaft in ihrer bekannten Struktur löst sich auf. Das Auseinanderdriften der Kontinente, die Abkoppelung des Zentrums von seinen alten Außenbezirken, der Rückgang der Akkulturation, die Entstehung neuer sozialer Gemeinschaften, die aus dem Zerbrechen der imperialistischen Ordnung hervorgehen, erfordern, wenn man sie untersuchen, analysieren und, sofern möglich, verstehen will, völlig neue Begriffe und Vorstellungen.

Montag, der 17. Dezember 1990: ein herrlicher Abend während der Trockenzeit auf der äußersten Spitze des Cap-Vert in Dakar. Im Auditorium Maximum der Universität Scheikh Anta Diop drängen sich Hunderte Studenten, Studentinnen, Schriftsteller, Musiker, Gewerkschaftler, Politiker und Politikerinnen, Marabuts und Künstler, die gekommen sind, um an der Schlußveranstaltung der Ersten Biennale afrikanischer Kultur teilzunehmen.

Auf dem Podium die Creme der afrikanischen Intelligenz: Théophile Obenga, Scheikh Hamidou Kane, Joseph Ki-Zerbo, Bakary Traore, Mame Sow, Nfaly Savane, Mame Less Camara, Boubakar Diop und andere. Mit kalter Ironie und Hoffnungslosigkeit faßt Joseph Ki-Zerbo mit leiser Stimme die Arbeit von zehn Tagen zusammen:

»Unsere Vergangenheit ist blind
Unsere Gegenwart ist stumm
Und die Zukunft ist taub.«

Niemand in dem riesigen Saal wagt einen Einwand.

Aber alle spüren auch, daß ganz tief im Herzen der Krise eine Hoffnung keimt. Théophile Obenga: »Wenn die Elefanten miteinander kämpfen, ist es das Gras, das leiden muß ... Afrika ist vor eine ganz einfache Wahl gestellt: entweder selber zum Elefanten zu werden oder das Gras auf einem Ödland der Geschichte zu bleiben.«

Zu der endgültigen Auflösung des vergifteten Erbes, das der Kolonisator hinterlassen hat, gehört die Überwindung der staatlichen Balkanisierung, der politischen und wirtschaftlichen Zersplitterung Afrikas. Die *Föderation der Vereinigten Staaten von Afrika*, genährt von der uralten panafrikanischen Hoffnung – die auf den Sklavenschiffen mitgefahren ist und die schwarzen Arbeitstiere auf den Baumwollfeldern am Mississippi am Leben gehalten hat, die N'Krumah und die anderen Gründer der OAU (*Organisation de l'unité africaine* = Organisation für Afrikanische Einheit) beseelt hat –, stellt heute den geschichtlichen Horizont für die Afrikaner dar.

Morgen wird die Einsamkeit das unausweichliche Los der Völker Afrikas sein. Aber gerade in der Einsamkeit geschehen die faszinierendsten Abenteuer des Geistes. Obenga schweigt, und niemand in dem großen Saal zweifelt daran, daß Afrika, wenn es sich einmal von den ihm wesensfremden (»liberalen«, »leninistischen« ...) kulturellen Aggressionen befreit hat, sehr schnell seine alten Erinnerungen wiederfinden, seine ureigenen Identitäten wiedererstehen lassen und seine Werte ausgraben und neu beleben wird.

Für unser von der Instrumentalisierung der Natur und der Menschen, der marktorientierten Rationalität, der Optimierung des Gewinns verwüstetes Europa werden die wiedererstandenen afrikanischen – und andere – Hochkulturen wie Oasen in der Wüste sein, kostbare Heimstätten des Sinns. Der Sieg, den die dritte Welt über ihre eigene Entfremdung davontragen wird – für Europa wird er ein wichtiger Schritt zu seiner eigenen Befreiung sein.

3. Im Namen der Ethik

»Ach, zum Tragen spät und frühe
Ist zu schwer ein Herz aus Stein
Denn es macht zu große Mühe
Mächtig tun und Böse sein.«

Bertolt Brecht
Der kaukasische Kreidekreis

Damit wir uns recht verstehen: es geht nicht darum, die Tradition – moralisches und religiöses System von Verpflichtungen, System einengender und zwanghafter Vorstellungen, System, das die alten Entfremdungen reproduziert – mit dem durchaus lebendigen und reichen Gedächtnis einzigartiger Identitäten zu verwechseln, die, ebenso viele verschiedene Widerstände darstellend, der zerstörerischen Logik der Warenrationalität entgegenwirken können. Im gleichen Maße wie die schlimmsten Auswirkungen des ungezügelten Liberalismus haben der ökonomische und der politische Leninismus in ihren verschiedenen Versionen die dritte Welt zerstört. Der Leninismus war der obligate Bezugspunkt für angekündigte Neugestaltungen, zumal da meist die Ideologie der Befreiungsbewegungen, die die Hauptträger der Dekolonisation waren. Auch hier reihte der Leninismus Fehler an Fehler. Nicht nur haben die Neugestaltungen nicht stattgefunden (der wirtschaftliche Aufschwung ist ausgeblieben, und die politische Demokratie ist nicht eingeführt worden), vielmehr ist die Bilanz hier nicht minder katastrophal als in den Ländern des ehemaligen Ostblocks. Angesichts dieses Erbes kehren heute die oft aus den besten westlichen Universitäten hervorgegangenen neuen Eliten sowohl dem liberalen als auch dem kommunistischen Modell den Rücken.

Eine Entwicklung, an der (afrikanische, asiatische und so fort) Gesellschaften teilhaben, die durch die islamische, christliche oder jüdische Tradition geprägt sind: das ist die Rache Gottes. Gilles Kepel: »Abgesehen davon, daß diese Bewegungen zeitlich parallel entstanden sind, weisen sie zahlreiche gemeinsame Merkmale auf: Sie alle lehnen den Grundsatz der Trennung von Kirche und Staat ab, den man der Philosophie der Aufklärung zu verdanken habe. Sie sehen in der hochmütigen Emanzipation der Vernunft vom Glauben die Hauptursache aller Übel des 20. Jahrhunderts und den Beginn eines Prozesses, der geradewegs in den nationalsozialistischen und stalinistischen Totalitarismus geführt habe.«[40]

Eine Argumentation, die auf merkwürdige Weise den Analysen und Stellungnahmen des Kardinals Jean-Marie Lustiger gleicht, der die totalitären Entwicklungen auf die Aufklärung zurückführt. Der Erzbischof von Paris äußert sich zu diesem Thema sehr klar und deutlich: »Ich gehöre jener Generation an, die die bitteren Früchte eines Anspruchs der Vernunft auf eine Herrschaft ohne Maß geerntet hat.« Ein Anspruch, so meint Lustiger, der seine Wurzeln im Jahrhundert der Aufklärung hat, das den Totalitarismus hervorgebracht habe, das heißt die Vergöttlichung der menschlichen Vernunft, die keine Kritik duldet.[41]

Bei Lustiger feiern wir Wiedersehen mit dem Haß auf das Denken und die geistigen Vorbilder, den Ende der siebziger Jahre die Neuen Philosophen leidenschaftlich genährt hatten. Die gleiche Logik, die heute den Haß auf das Denken eines Marx, Hegel und des klassischen Idealismus schürt, Anklage eines jeden Versuchs, das Ganze zu erfassen – ein angeblich zwangsläufig »totalitäres« Unternehmen.

Was aber kann unter den Trümmern der Vernunft keimen? Die Autoren erinnern sich an ein Gespräch mit Stéphane Hessel im März 1991. Dieser unbestechliche

Intellektuelle vertritt Frankreich in der Kommission für Menschenrechte am europäischen Sitz der Vereinten Nationen in Genf.[42] In der großen, hellen Cafeteria neben dem Saal 17, in dem die Kommissionssitzungen stattfinden, beklagt er leidenschaftlich den Zerfall von Leitideen einer angewandten Ethik, die als Antwort auf die von den verschiedensten Systemen heraufbeschworenen Zersetzungserscheinungen dienen könnten. Stéphane Hessel erklärt, wie der Verlust dieser ethischen Bezugspunkte die Entstehung und das Umsichgreifen des religiösen Fundamentalismus und seiner Unvernunft begünstigt. Hessel war lange Zeit Botschafter in Algerien. Er erhärtet seine These am Beispiel der dramatischen Entwicklung in diesem Land:

Warum hat die FIS (*Front islamique de salut* = Islamische Heilsfront) die letzten Kommunalwahlen in Algerien gewonnen? Hauptsächlich aus dem Grund, weil sie sich der FLN (*Front de libération national* = Nationale Befreiungsfront) entgegengestellt und die herrschende, von einer völlig unglaubwürdig gewordenen *Nomenklatura* geschickt aufrechterhaltene und praktizierte Korruption angeprangert hat.

Zusammen mit dem Netz gegenseitiger Hilfe, das rund um die Moscheen aufgezogen wurde, und den populistischen Reden, die sich an die Stiefkinder einer Gesellschaft der Kasten und Privilegien wenden, hat die Berufung auf den moralischen Imperativ bei den Wahlen einen regelrechten Erdrutsch ausgelöst, der sich durch das Wiederaufleben religiöser Leidenschaften alleine nicht erklären läßt. »Sozialdemokraten, die wir sind«, schließt Stéphane Hessel, »müssen wir dieses Terrain des moralischen Imperativs zurückerobern, den wahren Trumpf einer gedanklichen Leistung auf den Tisch legen, wenn wir nicht unsere Seele an eine rein quantitative Erledigung der Tagesgeschäfte verlieren wollen.«[43]

Korruption hat die besondere Eigenschaft, daß sie gleichzeitig das höchste Stadium des Kommunismus

(Umleitung des Mangels durch die Nomenklatura) wie auch des Kapitalismus (Insidergeschäfte an der Börse, der Wirrwarr von Scheingeboten bei Aktienkäufen, Weißwaschen von Drogengeldern und so weiter) charakterisiert. Im gleichen Sinn schreibt Alain Cotta: »Die Korruption spielt im großen und ganzen eine dem Plan analoge Rolle. Das Investieren wird um so wichtiger, je längerfristig sie angelegt ist. Daß die Korruption so kostspielig ist, verschärft die Konkurrenz zwischen den Bestechern und zwingt sie, die beste individuelle und kollektive Wahl zu treffen, denn die Verteilung der Erträge aus der Korruption sorgt dafür, daß jeder oder praktisch jeder seinen Anteil daran erhält, vor allem in Form einer Anstellung, die die Beteiligten dauerhaft in den sozialen Mikrokosmos einbindet.«[44]

Es genügt hier nicht, den fieberhaften, kapitalistischen Wirtschaftsmechanismen moralische Positionen und formale Prinzipien entgegenzustellen, das schnelle und schmutzige Geld anzuprangern; not tut vielmehr, erneut eine moralische Kritik des Kapitalismus und seiner gegenwärtigen so effizienten Mechanismen zu leisten. Diese moralische Anstrengung, die Stéphane Hessel fordert, rekonstituiert nicht einen von jeglicher wirtschaftlichen Begründung losgelösten Prozeß transzendentaler Versinnbildlichungen, sondern ist, ganz im Gegenteil, unmittelbar und völlig immanent Teil einer neuen Kritik des zeitgenössischen Kapitalismus, die in eine Neubewertung des politischen Handelns mündet. Noch einmal: wie soll man hier ohne einen Marxismus des Widerstands auskommen, Raster des Lebens, Grammatik zur Entzifferung der derzeitigen Tricks der sozialen Komplexität? Wollen wir zu totalen Analphabeten werden und auf eine möglichst umfassende Lektüre der Realität verzichten, statt durch eine radikale Kritik des Bestehenden wieder zu uns zu kommen? Um dies zu tun, empfiehlt es sich, auf Werte und Vorstellungen zurückzugreifen, die nicht die des Marktes sind!

Wir müssen wieder an die Frage nach dem Unendlichen anknüpfen ... Diese Sorge um die Zeit, um eine offene Zeit, sollte gerade das Mögliche bewahren, und zwar selbst im Herzen der wirtschaftlichen Mechanismen, deren Rhythmus des Verschleißes sich sowohl im Bereich der Investitionen als auch in dem des Konsums und Vertriebs immer mehr beschleunigt. Diese Ethik, die auf die Verantwortlichkeit einer kommenden Zeit zielt, berührt vor allem die Bereiche Umwelt und Kommunikation, die heute den gleichen Anforderungen der maximalen Rentabilität unterworfen werden wie irgendwelche Güter oder Dienstleistungen des alltäglichen Verbrauchs. Erste Aufgabe einer Ethik der Verantwortlichkeit ist: die Einführung einer strengen Differenzierung in der Herstellung dieser Güter und Dienstleistungen, um deren Produktions- und Distributionsbedingungen den jeweiligen Umständen anpassen zu können. In der Tat geht es darum, mittels solcher Differenzierung ein vertragliches Gemeingut vorläufig zu definieren, nicht ein kollektives Gut, dem alle sich unterschiedslos unterwerfen müssen, noch ein zwischen der Vielzahl individueller Vorstellungen unendlich aufgesplittertes Gut, sondern sozusagen Pakete von Gütern und Dienstleistungen, deren Produktion und Distribution gerechter geregelt werden müssen.

Güter und Dienstleistungen, die unmittelbar die Entfaltung der Individuen betreffen, deren Zukunft und Identität bestimmen: Gesundheit, Wohnen, Erziehung und Ausbildung, schließlich Information, stellen dabei einige entscheidende Bereiche dar, die allmählich dem zynischen und materiellen Einfluß des Marktes entzogen werden müssen. Paul Ricœur: »Wie soll man diese Güter in eine Hierarchie einordnen, da man sie doch nicht alle auf einmal erringen kann, es vielmehr notwendig ist, in jeder Epoche und für jede Gesellschaft eine Prioritätenliste aufzustellen? Das ist das Kernproblem der demokratischen Diskussion. Die Frage ist also die: welches

sind die Werte, die wahrscheinlich jenseits der rein ver-
fahrensmäßigen Regeln des Austauschs ihren Anspruch
anmelden und beim Setzen von Prioritäten Vorrang haben
werden?«[45] Diese Anstrengung geht über das wohlbe-
kannte Terrain der bloßen Achtung der individuellen
Person im Rahmen einer Ethik der Nähe hinaus, die durch
sehr präzise Begriffe der Gegenseitigkeit und des Austauschs bestimmt ist. Unsere technologischen Möglichkeiten des Eingreifens reichen weit über unsere Zeit
hinaus und nehmen in steigendem Maße andere raum-zeitliche Gegebenheiten vorweg, die zukünftiges mensch-
liches, tierisches und pflanzliches Leben in den biogeneti-
schen Bereichen definitiv formen werden. Hier taucht die
nicht assimilierbare Di-mension der Zeit auf, einer offenen und komplexen Zeit, die durchaus nicht glatt und
widerspruchsfrei abläuft. Hegel: »Die Zeit ist der Begriff
an sich, der da ist und sich dem Bewußtsein als leere Intuition darbietet.«[46] Es kommt darauf an, je nach Situation dieser Intuition Form und Sinn zu verleihen. Wie
sollen wir das anders leisten als in Begriffen der politischen Entscheidung? Das demokratische Betätigungs-
feld, der öffentliche Platz, die Kneipen, eine pluralisti-
sche Presse und audiovisuelle Medien sorgen für Plätze,
wo diese Widersprüche sich bei gegenseitiger Achtung der
Verschiedenheit voll entfalten können. Die einzige Mini-
malethik, bei der nie Kompromisse eingegangen werden
dürfen, ist: die Demokratie. Diese wird nie ein für allemal
erworben, sondern fordert in jedem Augenblick volle
Aufmerksamkeit, wie eine sehr attraktive junge Dame.
Und in genau diesem Punkt bleiben wir Marxisten. Wir
halten eine sich nicht auf eine Kritik des Kapitalismus und
seiner Ausformungen gründende Philosophie und Moral
für unmöglich. Der Kapitalismus stellt ein immanentes
und außerordentlich dialektisches System dar, das unablässig seine eigenen Grenzen verschiebt, indem es von
einem immer verlagerten und überlegenen Standpunkt
aus auf sich selber rekurriert. Was immer die Chronisten

des Zeitgeistes dazu sagen mögen, der Marxismus des Widerstands stellt einen notwendigen Kontrapunkt zu jenem angeblich unüberschreitbaren Horizont des Endes unserer Zeit dar.

Gracchus Babeuf hat diesen Kampf bereits 1791 visionär beschrieben: »Heuchlerisch schreit Ihr, es gelte, den Bürgerkrieg zu vermeiden. Man dürfe unter das Volk keine Fackel der Zwietracht werfen. Und welcher Bürgerkrieg ist empörender als jener, bei dem alle Mörder auf der einen Seite stehen, alle Opfer ohne Verteidigung auf der anderen! Der Kampf um Gleichheit und Eigentum muß endlich beginnen. Das Volk muß alle die seit langer Zeit bestehenden barbarischen Institutionen umstürzen. Im Krieg der Reichen gegen die Armen war bisher alle Verwegenheit auf der einen und alle Feigheit auf der anderen Seite. Dies soll nun anders werden. Ja, ich wiederhole es, alle Übel haben ihren Gipfel erreicht, sie können schlimmer nicht werden. Sie können nur durch einen vollständigen Umsturz beseitigt werden.

Fassen wir das Ziel der Gesellschaft, das gemeinsame Glück, ins Auge und gehen wir daran, nach tausend Jahren diese barbarischen Gesetze zu ändern.«[47]

»Nicht wie Würmer leben ...«

»Es kommt der Tag, da wird sich wenden
Das Blatt für uns, er ist nicht fern.
Da werden wir, das Volk, beenden
Den großen Krieg der großen Herrn.
Die Händler, mit all ihren Bütteln
Und ihrem Kriegs- und Totentanz
Sie wird auf ewig von sich schütteln
Die neue Welt des g'meinen Manns

Es wird der Tag, doch wann er wird
Hängt ab von mein und deinem Tun
Drum wer mit uns noch nicht marschiert
Der mach' sich auf die Socken nun«

Bertolt Brecht
Mutter Courage und ihre Kinder

Was sagt man zu einem alten Bekannten, wenn nicht: »Bis bald«? Bis bald also, Karl Marx! Wir werden die großen Werke des historischen Materialismus nicht den kleinlichen und nagenden Verleumdern überlassen. Wir wollen sie vom Schutt der Berliner Mauer befreien und sie ins Licht der Erkenntnis zurückstellen. Aber wie bei allem, was direkt oder indirekt an den Abenteuern der Vernunft teilhat, wird es auch hier zwangsläufig Mißverständnisse geben. Kein Grund, den Mut zu verlieren, wohlgemerkt. Dennoch werden, auch wenn häufige Fehlschläge die hier angesprochene geschichtliche Entwicklung begleiten und als ebenso viele epistemologische Widerstände das Beharrungsvermögen von falschen Vorstellungen verstärken, andere sich schnell in Geschwätz oder sogar üble Streitereien verkehren. In der Tat, man findet sich fast unausweichlich in dieser Atmosphäre von Unverständnis und sophistischen Irrungen und Wirrungen wieder, sobald es darum geht, sich erneut mit Marx und seinem Denken auseinanderzusetzen. Schlimmer noch, schon allein die Absicht, dieses Thema erneut aufzugreifen, scheint augenblicklich durch einen Verdacht kurzgeschlossen, der um so schwerer wiegt, als er von einer großen Mehrheit – selbst in den Reihen der einstigen Verfechter – geteilt wird. Ganz offensichtlich ist das Denken von Marx zu sehr von Geschichte und politischen Abenteuern überfrachtet, als daß man das Aufflackern einer solchen Polemik vermeiden könnte. Es liegt in der Natur des Marxschen Denkens, Widerspruch herauszufordern. Es geht hier weder darum, diesen Widerspruch zu bekräftigen, noch darum, ihm ein Ende zu setzen. Diese Übung ist bereits absolviert worden, und es gibt einige exzellente Handbücher zu dieser Frage. Nein, es geht um etwas ganz anderes! Wiederholen wir es noch einmal: es empfiehlt sich nicht, zu Marx »zurückzukehren«, so, wie beispielsweise die Scholastiker jahrhundertelang auf Aristoteles zurückgegangen sind, oder sich wie Jünger zu benehmen, die zu einer geoffenbarten und in sich geschlossenen Wahrheit zurückkehren möchten. Die Frage lautet nicht mehr: Marxist sein oder nicht Marxist sein. Alles in allem ist der heutige Marxismus bei weitem nicht so simpel, wie es den Anschein hat. Aber wenn man das Kind mit dem Bade ausschüttet, dann läuft man Gefahr, eines Tages ohne einen Badezuber dazustehen, verdreckt im eigentlichen und im übertragenen Sinne. Der Literaturkritiker André Clavel spricht von jenen türkischen Dampfbädern im eigenen Heim, die im 19. Jahrhundert häufig in Pariser Bürgerhäusern anzutreffen waren und in denen sich schon Alphonse Allais, wie er selber sagte, inspirieren ließ: »Ein vollkommen romantischer Ort, geeignet, die Seele gurgeln zu lassen. Hier kann man in aller Ruhe seine Prosa strählen, und außerdem ist hier die Phantasterei genauso nahe wie der Wasserhahn.«[48]

Die totalitären Spätfolgen des total mißverstandenen Denkens von Marx, sein Rattenschwanz an erpreßten Geständnissen, Folterknechten und Folterungen, haben

jeglichen Glauben an eine künftige ideale und glückstrah-
lende Welt, in der die Körper sich um das große aufge-
schlagene Buch des absoluten Wissens scharen, das alle
Leidenschaften und überhaupt alles regelt, zunichte gemacht. Eine Generation hat im Schmerz ihres Fleisches
und ihrer verlorenen Illusionen entdeckt, daß die Politik
eher die Kunst des kleineren Übels lehrt als die Umsetzung der Ideen aus dem Indikativ in das Präsens.

Gilles Deleuze: »Die Neuen Philosophen liefern, wenn
sie Marx verunglimpfen, keineswegs eine neue Analyse
des Kapitals, das bei ihnen auf geheimnisvolle Weise
plötzlich seine Existenz einbüßt, sie prangern – politische
und ethische – stalinistische Folgeerscheinungen an, von
denen sie glauben, sie seien auf Marx zurückzuführen. Sie
befinden sich in guter Gesellschaft mit jenen, die Freud
für jedwede amoralischen Folgeerscheinungen verantwortlich machten: aber das hat absolut nichts mit der
Marxschen Philosophie zu tun.«[49] Die Lager Stalins oder
Pol Pots beweisen nicht, daß Marx sich in allem geirrt hat,
und sie verbannen die Thesen der *Deutschen Ideologie*,
der *Kritik der politischen Ökonomie* und der *Manuskripte
von 1844* keineswegs unwiderruflich in die Abteilung für
archäologische Absonderlichkeiten. Paradoxerweise geben diese Katastrophen uns das Denken von Marx zurück, ein Denken, mit dem man sich in den vom Fall der
Berliner Mauer eröffneten Perspektiven erneut auseinandersetzen muß, nicht um daraus neue mörderische
Utopien zu basteln, sondern um daraus Werkzeuge zu
schmieden, mit deren Hilfe wir Wesen und Geschichte
unserer zeitgenössischen Gesellschaften besser verstehen;
immer ist der Kapitalismus schon da, ständig am Werk, in
stetem Wandel, immer komplexer, ohne je auf den Raub-
bau am Menschen noch auf den an der Natur, noch auf
den an den Träumen zu verzichten. Wir müssen daher
kämpfen, wenn nicht, um von Grund auf und sogleich das
Leben zu verändern, so doch, um Widerstand gegen die
Ordnung der Welt, allmähliche Veränderung ohne soziale

Gewalt, sondern mit dem Dialog als Rüstzeug auf das Banner einer offenen Zeit zu schreiben. Das Denken von Marx war nie so aktuell und so stichhaltig wie heute. Der Marxismus des Widerstands (der rote Faden dieses Büchleins) setzt uns, indem er einige unwiderlegbare Konzepte für eine Versöhnung von Politik und Moral liefert, als erstes eine alles andere als leichte Aufgabe auf die Tagesordnung: uns von uns selbst zu lösen, um desto besser zu uns zu kommen, aus Objekten der historischen Notwendigkeit nach und nach zu Subjekten zu werden.

Paul Nizan: »Man darf einen Menschen nicht mit einem Barographen, einer Maschine von Morin oder einem Phonographen verwechseln. Welch Unheil kann eine solche Verwirrung stiften, da es ja nicht darum geht, Zahlen aufzuzeichnen, sondern Sätze der moralischen Weisheit, der politischen Entscheidungen. Was mich am meisten angeekelt hat bei meinen Brüdern, war, sie leben zu sehen wie Würmer: die Würmer verstehen nichts von der Gravitation, die Menschen nichts von ihrem lieben Gott, von ihren Sehnsüchten, ihren Taten: alles schwebt über ihnen, und sie vermeinen, das erfunden zu haben, was da schwebt.«[50] Früher oder später wird erneut eine Philosophie der Freiheit erfunden werden müssen, um den nicht endenden und raffinierten Sinnesverwirrungen der Ware besser widerstehen zu können. Ein Denken, das die Nacht der Entfremdung erhellt, die nationalistischen und religiösen Fundamentalisten demaskiert und der Selbstverstümmelung der Menschen ein Ende setzt. Dann wird man zwangsläufig wieder Marx im Original lesen ... An die Arbeit also! Der Kommunismus ist tot! Es lebe der demokratische Sozialismus!

Wächter in der Nacht

von

JEAN ZIEGLER

»Aus so vielem Lieben und Wandern gehen die Bücher hervor.
Und enthalten sie Küsse nicht oder Himmelsstriche,
und enthalten sie Menschen nicht in Überfluß,
und enthalten sie Frauen nicht in jedem Tropfen.
Hunger, Begehren, Zorn, Wegziel,
so taugen sie weder als Schild noch als Glocke:
sind ohne Augen und werden diese nicht auftun können,
werden vorschriftsgemäß haben einen toten Mund.«

Pablo Neruda[51]

Der Marxismus des Widerstands, um den es in diesem Buch geht, nimmt heute tagtäglich Gestalt an in vielen Frauen und Männern, die, auf allen fünf Kontinenten und oft in tragischen Situationen, für eine gerechtere, freiere Welt weiterkämpfen, eine Welt der Würde ... eine Welt, in der die Vernunft größeren Einfluß hat auf die Geschichte. Die folgenden vier Porträts sind sprechende Beispiele dafür.

Olof Palme

Der Mann, der in der Nacht des 28. Februar 1986 Olof Palme erschoß, hat gut gezielt: er traf ins Herz der internationalen sozialistischen und demokratischen Bewegung. Olof Palme, eine vielschichtige Persönlichkeit, von freundschaftlichem, herzlichem Wesen, verkörperte auf exemplarische Weise das Vermächtnis der sozialistischen Bewegung; er wird uns mehr fehlen, als wir das jetzt erahnen können. Seit dem Verlust von Jean Jaurès und Émile Vandervelde hat kein Tod die Sozialistische Internationale so grausam und so schmerzlich getroffen.

Olof Palme war ein hochgewachsener, schlanker Mann, mit merkwürdig linkischen Bewegungen, blondem, rebellischem Haar und kristallklaren graublauen Augen, die meist einen seltsam verträumten Blick hatten. Er war ein Feind der Staatsräson. Oft haben wir darüber gesprochen. Der schwedische Patriot verteidigte natürlich voller Überzeugung die Interessen seines Landes. Zugleich war er aber – vielleicht naiverweise – überzeugt davon, daß die Forderungen nach Größe und Ehrenhaftigkeit der schwedischen Nation mit der Achtung vor den Grundprinzipien des demokratischen Sozialismus zusammenfielen. Als Erziehungsminister der Regierung Erlander führte er 1969 in den Straßen Stockholms die Kundgebungen der zahllosen Demonstranten an, die gegen den Terror der amerikanischen Bombardierung Haiphongs und Hanois protestierten. Die amerikanische Regierung griff ihn öffentlich an und forderte auf diplomatischem Weg eine Erklärung. Palme wich keinen Zollbreit von seiner Einstellung ab. Mehr noch, er unterstützte die Gründung des ersten Empfangskomitees für amerikanische Deserteure des Vietnamkrieges, die von nun an in großer Zahl nach Schweden strömten.

Kompromißlos blieb er seiner prinzipiellen Entscheidung treu: als Anfang der achtziger Jahre nach Mexiko geflüchtete mittelamerikanische Widerstandskämpfer von den Todesschwadronen ihrer Heimatländer bedroht wurden, sorgte Olof Palme – mitten in Mexico-City – unauffällig dafür, daß sie beschützt und vorübergehend nach Europa gebracht wurden.

Seine Freunde brachten Olof Palme große Zuneigung und aufrichtigen Respekt entgegen. In Schweden gibt es mehr als eine Million Sozialdemokraten. Palme hat, ob als Regierungschef oder als Führer der parlamentarischen Opposition, immer der Organisation, dem aktiven Leben der Partei, größte Aufmerksamkeit geschenkt. Ihm ist es zu verdanken, daß in allen Regionen des Landes, ständige Delegierte für internationale Solidarität eingesetzt wurden. Diese Delegierten, die rund um die Uhr arbeiten, werden von der Parteibasis gewählt. Ihre Aufgabe ist es, den Kontakt ihrer regionalen Gruppen mit sämtlichen regierungsunabhängigen Organisationen (amnesty international, Solidaritätsgruppen für die dritte Welt, Förderkomitees und so fort) aufrechtzuerhalten. Sie erkunden die Meinungen in den Basisgruppen, fördern lokale Initiativen und erklären der Basis die der dritten Welt gegenüber aufgeschlossene und antimilitaristische Außenpolitik der Regierung.

Palme war auch der Begründer einer Institution, die einer Reihe europäischer Parteien als Modell diente: des »Soli-Fonds«. Dieser Solidaritätsfonds, der von Gewerkschaften, Genossenschaftskassen, Kooperativen und Parteivereinen finanziert wird, unterstützt die Streiks der Berg- und Plantagenarbeiter in Guatemala, Südkorea, Zaire und anderswo; so ermöglicht er es den Arbeitern der dritten Welt, von den ausländischen multinationalen

Gesellschaften und den lokalen Unternehmern Lohn-
erhöhungen und ein menschenwürdigeres Leben zu er-
zwingen.

Olof Palme, Vizepräsident der Sozialistischen Internationale, spielte innerhalb unserer Organisation eine
entscheidende Rolle. In der Internationale treffen zahlreiche widersprüchliche Meinungen aufeinander: so unterschiedliche Persönlichkeiten wie Felipe Gonzáles, Bruno
Kreisky, Mario Soares, Willy Brandt, Léopold Sédar
Senghor, Shimon Peres, Walid Jumblat müssen hier mehr
schlecht als recht miteinander auskommen. Olof Palme
war unter uns der unnachgiebige, energische, intelligente
Fürsprecher einer Politik der Solidarität mit den Völkern
der dritten Welt, die um ihre Freiheit kämpfen. Er verteidigte die palästinensischen Kämpfer und das palästi-
nensische Volk gegen die Arroganz, die unmenschliche
Politik des Likud.

Er war mit den wichtigsten Guerillaführern von El Salvador, Guatemala und der Sandinistischen Nationalen
Befreiungsfront von Nicaragua befreundet: gegen Perez
Jimenez, Präsident Venezuelas, gegen Monge aus Costa
Rica, gegen Mario Soares verteidigte Palme – Sitzung
für Sitzung – den Befreiungskrieg, den Krieg des Widerstands, den die Völker Mittelamerikas gegen die Aggres-
sion der Vereinigten Staaten führen.

Palme war Pazifist: Verfechter der militärischen Neutralität seines Landes, war er einer der Vorkämpfer für
eine atomwaffenfreie Nordsee. Gegen alle Widrigkeiten
hielt er den Dialog mit Moskau aufrecht. Der stets
freundliche und warmherzige Palme war von Überzeugungen durchdrungen, die unbeugsam wie Stahl waren:
ich habe gehört, wie er – hinter den verschlossenen Türen
auf einer Sitzung in Dänemark – mit der Heftigkeit eines
calvinistischen Predigers die Atomversuche der Franzosen im Pazifik verdammte. Damals, es war die Zeit,
als Jacques Huntzinger internationaler Sekretär der Sozialistischen Partei Frankreichs war, rückte er – obwohl

er Frankreich, dessen Sprache er beherrschte, sehr liebte – in dem Augenblick von Mitterrand ab, als dieser für die Aufstellung von Pershing-Raketen in Europa eintrat.

Palme war kein großer Theoretiker. In ihm hatten sich Spuren jenes calvinistischen Eifers erhalten, der für die gesamte skandinavische Arbeiterbewegung charakteristisch ist. Diesem entschiedenen, fordernden Mann, diesem Feind jedes verworrenen Romantizismus, jeglicher »revolutionären« Haarspalterei sekundierte bei seinen Projekten auf ganz bemerkenswerte Weise sein politisches Alter ego und enger Freund, Pierre Schorri. Schorri, Verfasser maßgeblicher Bücher über die dritte Welt, war ihm vor fast zwanzig Jahren als Sekretär für internationale Beziehungen der schwedischen Partei nachgefolgt. 1986 wurde er Generalsekretär des Ministeriums für Auswärtige Angelegenheiten: der Mann, der auf beispielhafte Weise Palme auf dem laufenden hielt, ist immer an vorderster Front; er hat in den unterschiedlichsten Ländern des südlichen Afrikas, Lateinamerikas und Asiens zuverlässige und gut informierte Freunde. Eines der Bücher von Pierre Schorri, das auf spanisch erschien, hat die politischen Debatten, die sozialistische und demokratische Orientierung der Sandinistischen Nationalen Befreiungsfront, der Front Farabundo Marti und der ORPA (Guatemala) tiefgreifend beeinflußt. Die Freundschaft Palmes mit Schorri ist von entscheidender Bedeutung für das Verständnis des antiimperialistischen Engagements der schwedischen Regierung seit 1969 (damals wurde Palme Vorsitzender der Sozialistischen Partei).

Ich bewahre zwei völlig gegensätzliche Erinnerungen an Olof Palme.

Die erste geht auf den Sommer 1985 in Bommersvjik zurück. Olof Palme und die schwedische Partei hatten die Mitglieder des Büros der Sozialistischen Internationale, einige Dutzend Beobachter und zahlreiche Journalisten an das Ufer des kleinen Sees inmitten eines Birkenwäldchens nördlich von Stockholm eingeladen, wo sich die Holzhäuser eines Ferienzentrums für die sozialistische Jugend aneinanderreihen. Nach der letzten Arbeitssitzung organisierte Palme ein Fest: auf großen, einfachen Holztischen standen geräucherter Lachs, Schwarzbrot, einheimische Gemüse und Früchte, Wein bereit, und jeden Tisch schmückte ein Strauß Wiesenblumen. Aus der kleinen Nachbarstadt war ein Orchester gekommen, gefolgt von einem Zug von Aktivisten mit ihren Familien. Aus dem Hauptquartier in Stockholm waren Tanzgruppen angereist sowie Gruppen junger Schauspielerinnen und Schauspieler. Es war Juni, und über der zauberischen Landschaft ging die Sonne erst gegen Mitternacht unter. Im unwirklichen Licht des milchigen Gestirns ging Olof Palme von einer Gruppe zur nächsten, eröffnete den Tanz, brachte uns die alten Rundtänze seines Landes bei, lachte, trank, scherzte und diskutierte bis zum Morgengrauen. Er strahlte Lebensfreude aus, Menschenliebe, unbeschwerte Fröhlichkeit und Kraft.

Und ich erinnere mich an einen anderen Tag, der nicht so lange zurückliegt, in einer Klinik irgendwo in Schweden. Palme hatte uns spontan eingeladen, mit ihm einige verwundete, verstümmelte und von Brandwunden entstellte Kämpfer einer bewaffneten Freiheitsbewegung aus Mittelamerika zu besuchen. Diese jungen Menschen wurden auf die Bitte und die persönliche Initiative Olof Palmes hin in aller Diskretion, ohne jegliche Publizität von den besten schwedischen Ärzten versorgt. Es war Palme anzusehen, wie aufgewühlt er war – von dem Leiden, aber auch von dem Mut dieser Mädchen und Jungen mit amputierten Gliedmaßen, deren Gesichter teilweise verbrannt waren und die alle für ihr ganzes Leben durch die erlittenen Schmerzen gezeichnet waren. Als wir gingen, erklärte mir ein Arzt, daß Palme praktisch jede Woche hierherkam, oft noch spätabends nach seiner Arbeit, allein, um mit den Verwundeten zu sprechen, sie zu trösten.

Bernt Carlsson

Als am 22. Dezember 1988 in New York das endgültige Abkommen über die Unabhängigkeit Namibias unterzeichnet wurde, blieb ein Platz leer: Bernt Carlsson, fünfzig Jahre alt, seit 1987 Hochkommissar der Vereinten Nationen für Namibia, war am Vorabend bei der Explosion der PAN-AM-Boeing 747 über der schottischen Stadt Lockerbie ums Leben gekommen. Carlsson war maßgeblich am Zustandekommen dieses Abkommens beteiligt gewesen. Bernt war mein Freund. Ein Mann von hartnäckiger Geduld, der aber auch fröhlich sein konnte, und von unerschütterlichen Grundsätzen. Das letzte Mal hatte ich ihn Anfang Dezember in Genf gesehen. In Brazzaville hatten die Südafrikaner und die Amerikaner zum x-ten Mal eine Kehrtwendung gemacht und ihre eben erst gegebenen Zusagen widerrufen. Ich war in einer ziemlich verdrießlichen Stimmung. Bernt sagte zu mir: »Denk dir nichts! Dieses Abkommen wird unterzeichnet werden. Zuerst Namibia, dann Südafrika, sie werden frei werden ... in einem Jahr, in zehn Jahren, in einem Jahrhundert, wenn es sein muß.« Er ließ nie locker. Es grenzte an ein Wunder: dieser verschlossene Schwede mit dem bleichen Puppengesicht, dem scheuen, klugen Blick hinter den dicken Brillengläsern, den man so leicht als einen naiven Romantiker mißverstehen konnte, genoß dank seiner Integrität, seiner ironischen Intelligenz, seiner außerordentlichen Vertrautheit mit den unendlich vielschichtigen politischen und wirtschaftlichen Verhältnissen in dieser Region das Vertrauen der afrikanischen

Führer der Frontstaaten und der Befreiungsbewegungen wie auch das der Russen, der Amerikaner und sogar der Südafrikaner. Einzig die Wahnwitzigen des extremistischen Lagers, die Terre-Blanche, die Treurnicht, haßten ihn unversöhnlich.

Bernt Carlsson gehörte – wie auch Pierre Schorri und einige andere – zu der sogenannten »Olof-Bande«. Seit mehr als 25 Jahren, seit ihrer gemeinsamen Zeit als junge politisch engagierte Studenten prägen diese pragmatischen Intellektuellen – einander verbunden in tiefer Freundschaft, durch feste Überzeugungen, eine fast messianische Hoffnung auf den Sieg der Vernunft – die skandinavische Demokratie ganz entscheidend. Olof Palme wurde am 28. Februar 1986 ermordet. Ich habe Pierre Schorri und Bernt bei der Trauerfeier beobachtet, als man inmitten eines Waldes roter Fahnen und in Anwesenheit von Delegierten aus aller Welt das Andenken Olofs ehrte: tiefe Traurigkeit, aber auch kalte Entschlossenheit spiegelten sich in ihren Gesichtern.

Diejenigen, die geglaubt hatten, durch ein feiges Attentat mitten in Stockholm den Mut und die Entschlossenheit der »Olof-Bande« erschüttern zu können, haben sich schwer getäuscht. Wie um ihren Freund zu rächen, haben seine beiden Mitstreiter ihre Anstrengungen verdoppelt. Seit seinen ersten Kontakten mit dem PLO-Botschafter, dem Herzchirurgen Issam Sartaoui (er wurde 1983 in Albufeira während einer Konferenz der Sozialistischen Internationale das Opfer eines Mordanschlags), arbeitete Pierre Schorri unermüdlich auf eine Annäherung zwischen den Palästinensern und dem Westen hin. Hauptsächlich ihm ist es zu verdanken, daß sich Arafat und die nordamerikanischen Juden zusammen in Stockholm an einen Tisch setzten – eine Begegnung, die den Weg für einen Dialog zwischen den Vereinigten Staaten und der PLO frei machte. Pierre Schorri, Generalsekretär des Ministeriums für Auswärtige Angelegenheiten in Stockholm, war wahrhaft das Alter ego Olof Palmes. Zusammen mit Bernt wachte er über dessen strahlendes Erbe, und er tut dies heute noch.

Bernt seinerseits war für Olofs zweite »Obsession« zuständig: für den Kampf gegen die rassistische Diktatur, das terroristische Regime Südafrikas. Bernt war ständig mit dem Flugzeug unterwegs, der Junggeselle lebte in Hotelzimmern, arbeitete umfangreiche Dossiers durch und erkundete auch noch die winzigsten Pfade, die zum Frieden, zur Freiheit der bedrängten Völker Südafrikas und Namibias führen könnten. Wie oft hat er mich angerufen – manchmal mitten in der Nacht! »Ich bin für vierundzwanzig Stunden in Genf – können wir uns sehen?« Und jedesmal traf ich einen geduldigen, begeisterten Mann, der weder an dem Erfolg seiner Mission zu zweifeln noch Müdigkeit zu verspüren schien. Diese außergewöhnlichen Persönlichkeiten – man müßte hier weitere Namen nennen: beispielsweise den von Sten Anderson, dem schwedischen Außenminister, aber auch andere – sind keine Hätschelkinder der Mediengesellschaft. Ihre Hartnäckigkeit, ihre außerordentliche Begabung als Unterhändler erfordern Diskretion. Aber sie haben in diesen düsteren Zeiten, da überall der Zynismus des Staates und die Logik des großen multinationalen Kapitals zu triumphieren scheinen, der Menschlichkeit zu einigen ihrer glänzendsten Siege verholfen.

Bernt Carlsson, kämpferischer Freund der Palästinenser, der Völker Afrikas, der Befreiungsbewegungen in Lateinamerika, war seit seiner Studentenzeit beseelt von jener schrecklichen und zugleich sanften Entschlossenheit, die so charakteristisch für die skandinavischen Sozialisten ist. Mein Freund Régis Debray leidet sehr unter dem rasch fortschreitenden Zerfall der sozialistischen Bewegung Frankreichs, unter dem Zynismus François Mitterrands und dem seit dem Golfkrieg aufflakkernden französischen Militarismus. Ein heller Sommerabend in Stockholm. Wir standen am Grab Olof Palmes:

ein bescheidener Gedenkstein vor einer kleinen rußgeschwärzten Kirche mitten in der Stadt. Auf dem Rasen vor dem Stein ein paar frische Blumensträuße. Régis Debray fragte mich: »Was haben sie nur an sich, unsere skandinavischen Freunde? Woher nehmen sie diesen fast mystischen Glauben, daß das Gute über das Böse siegen könnte?«

Vermächtnis des lutherischen Protestantismus? Die lange Erfahrung der sozialen Reform, die in ihrem eigenen Land, Schweden (aber auch in Norwegen und Finnland), mit solcher Geduld vorangetrieben wurde? Ich weiß die Antwort nicht. Tatsache ist, daß zuerst innerhalb der europäischen sozialistischen Jugend – deren Geschäftsstelle die »Olof-Bande« zusammen mit Michel Rocard und Peter Jankovitch (dem späteren österreichischen Außenminister) in Schwung brachte – und dann innerhalb der Sozialistischen Internationale Pierre Schorri und Bernt Carlsson einen unermüdlichen, intelligenten Kampf für die Solidarität der Industriemacht Europa mit der dritten Welt geführt haben. Kein Verrat dieser oder jener europäischen sozialistischen Partei, keine Niederlage schien sie zu entmutigen.

1976 übernahm auf dem XIII. Kongreß der Sozialistischen Internationale Willy Brandt den Vorsitz; Felipe Gonzáles, François Mitterrand, Mario Soares und Bruno Kreisky wurden Vizepräsidenten. Olof Palme entsandte Bernt als neuen Generalsekretär der Organisation. Auf dem Kongreß in Vancouver, im Jahre 1978, brach die Internationale endgültig mit ihrem europäischen Ethnozentrismus und öffnete sich den progressiven Kräften der dritten Welt. Effiziente Strategien der finanziellen und politischen Solidarität mit den Sandinisten in Nicaragua, der Front Farabundo Marti in El Salvador, dem ANC und der Swapo wurden entwickelt. Diese Kursänderung, diese wahrhafte Renaissance der Internationale (1864 von Karl Marx ins Leben gerufen), war zum großen Teil der geduldigen Aufklärungs- und Organisationsarbeit Bernt Carlssons zu verdanken.

Die dritte Welt wie auch der demokratische Sozialismus verdanken diesem außergewöhnlichen Menschen Bernt Carlsson viel. Er war – um es mit den Worten von Alejo Carpentier zu sagen – ein »Wächter in der Nacht, ein Vorfahr der Zukunft«.

Bruno Kreisky

Auf dem Zentralfriedhof von Wien wurde am 7. August 1990 die sterbliche Hülle eines Mannes der Erde übergeben, der die Beziehungen zwischen den europäischen Sozialisten und der dritten Welt radikal verändert hatte. Bruno Kreisky, der im Alter von achtzig Jahren an einem chronischen Nierenleiden gestorben war, stammte aus einer weitverzweigten jüdisch-mährischen Industriellenfamilie. Als er eines Tages vom Fenster des elterlichen Hauses in Wien aus beobachtete, wie behelmte Polizisten auf einen friedlichen Zug hungernder Arbeiter einprügelten, wechselte er die Fronten. Fünfzehn Jahre alt war er damals ... Seitdem war dieser hochintelligente und gebildete Mann mit den hellblauen Augen und dem rötlichen krausen Haar, das in sein blasses Gesicht fiel, bei allen Straßen-, Saal- und Parlamentsschlachten dabei, die in der jungen und sehr reaktionären österreichischen Republik ausgetragen wurden. 1938: Hitler marschiert ein, Kreisky taucht in den Untergrund ab, wird geschnappt, flieht, entkommt wie durch ein Wunder der Gestapo und dem sicheren Tod. Jenem Tod, dem ein Großteil seiner Familie zum Opfer fallen sollte ... Exil in Schweden. 1949 Rückkehr nach Österreich. Fulminante Karriere als Staatsmann – alle kennen sie: als rechte Hand von Kanzler Raab handelt er 1955 mit Chruschtschow den Staatsvertrag aus, in dem der Abzug der sowjetischen Besatzungstruppen aus Österreich besiegelt und die Unabhängigkeit und Neutralität Österreichs festgeschrieben werden. 1959 Außenminister, 1971 bis 1983 Bundeskanzler. Ich liebe, ich bewundere Kreisky. Ich habe ihn im Exekutivausschuß der Sozialistischen Internationale erlebt, dessen Vizepräsident – in Wirklichkeit eher Kopräsident seines vertrauten Freundes und Mitstreiters Willy Brandt – er war. In diesem Exekutivausschuß sitzen völlig unterschiedliche Männer und Frauen: jene, die ein Regierungsamt bekleiden und sich von der Staatsräson leiten lassen, andere – Intellektuelle –, die eigene Träume verfolgen. Kreisky stand immer und unter allen Umständen auf der Seite derjenigen, die sich des Erbes des demokratischen Sozialismus bewußt waren und für die Räson der Solidarität plädierten. Sehr oft war er, unterstützt von Willy Brandt und Olof Palme, das Zünglein an der Waage: die große Öffnung der Sozialistischen Internationale für die sozialistischen Parteien der dritten Welt, insbesondere Lateinamerikas, auf dem Kongreß von Vancouver hat sein Werk gekrönt. Die kontinuierliche finanzielle und diplomatische Unterstützung der Front Farabundo Marti in El Salvador, die Mobilisierung der Weltöffentlichkeit gegen den drohenden Angriff nordamerikanischer Soldaten auf Nicaragua und gegen eine geplante Verminung der kubanischen Häfen – ebenfalls sein Werk. Kreisky prangerte – entgegen den Mahnungen der portugiesischen und französischen Delegierten zur Zurückhaltung – unnachsichtig die ständigen und zahlreichen Menschenrechtsverletzungen in Afrika an.

Im Gegensatz zu seinem Außenminister, dem brillanten Peter Jankovitch, und seinen Innenministern Lanc und dann Blecha gehörte Bruno Kreisky nicht der Generation der kämpferischen Antiimperialisten an, jenen Zeitgenossen der Dekolonisation, deren Einstellung zur dritten Welt sich in den Komitees zur Unterstützung der algerischen und vietnamesischen Befreiungsbewegungen herausgebildet hatte. Seine tiefwurzelnde, dauerhafte Abneigung gegen die lateinamerikanischen Militärdiktaturen, die neokolonialen Regime in Afrika, gegen das System der Apartheid hatte andere Wurzeln: Botha,

Marcos, Pinochet, Mengistu und all die anderen Unter-
drücker der Völker der dritten Welt setzte Kreisky – vielleicht etwas schematisch – mit den Nazis gleich. Ich habe
gehört, wie er die Sache der ANC-Kämpfer, der chileni-
schen Widerständler, der eritreischen Guerilleros vertrat,
voller Aufrichtigkeit und mit einer Leidenschaftlichkeit,
die mir unvergeßlich sein wird. Bewußt oder unbewußt
identifizierte er sich mit einem jeden von ihnen. Diese
Identifizierung hatte ihren Ursprung in einer dumpfig-
feuchten Zelle des Wiener Zuchthauses, wo der junge
Bruno inhaftiert gewesen war.

Haß und Gewalt sollten Bruno Kreisky bis ans Ende
seines Lebensweges begleiten. Ich erinnere mich an meinen letzten Besuch in Wien, Anfang des Sommers. In dem
kleinen Haus mit den hellgrünen Mauern in Nußdorf
waren eben die dicken Platten aus Glas und Stahl vor den
Fenstern im Erdgeschoß erneuert worden: seit Kreisky
sich zum Anwalt des gerechten Kampfes des leidenden
palästinensischen Volkes gemacht hatte, lebten er und
seine Familie, auch sein geliebter Enkel Oliver, in stän-
diger Furcht vor einem Attentat irgendeiner der extremistischen Gruppen, irgendeiner der unzähligen Terror-
organisationen des Mittleren Ostens. Ich sagte es schon:
Kreisky war Jude. Ein überzeugter Jude, beseelt von
der Forderung nach Gerechtigkeit, von einem tiefen
mitmenschlichen Empfinden, von einer Liebe für die
Verfolgten, die in der hebräischen Tradition von so
entscheidender Bedeutung sind. Einer seiner Lieblings-
schriftsteller war Martin Buber, der in seinen *Wegen zur
Utopie* dem jüdischen Volk eine Mission des Friedens und
der Gerechtigkeit unter den Nationen zuweist.

Wie alle vernünftigen Menschen wollte Kreisky für die
im Nahen Osten lebenden Völker nur eines: Friede und
das Recht auf Selbstbestimmung. Seiner Ansicht nach
konnte dies allein durch die Teilung Palästinas in einen
von seinen Nachbarn definitiv anerkannten, in sicheren
Grenzen existierenden israelischen und in einen ebenso

anerkannten und rechtlich geschützten palästinensischen Staat geschehen.

Pfingsten 1982: der Vorstand der Internationale tagt im Intercontinental-Hotel in Helsinki. Den Vorsitz führt Kalevi Sorsa. Alle sind beunruhigt. Sorsa wendet sich an Shimon Peres: »Es kursieren alarmierende Gerüchte ... Bereitet Israel eine größere militärische Aktion vor?« Peres blickt gen Himmel: »Keinesfalls ... wie könnten wir? Diese Gerüchte sind nichts als arabische Propaganda.« Zwei Wochen später besetzten die Israelis den Libanon. Später erfuhren wir, daß Begin die israelische Arbeiterpartei hinsichtlich der Modalitäten und des Zeitpunkts des Angriffs auf den Libanon seit März ständig auf dem laufenden gehalten hatte.

Kreisky hatte einen denkwürdigen Wutanfall: »Das sind Lügner ... nie wieder werde ich mich mit denen an einen Tisch setzen.« Er hielt Wort. Kreisky nahm nur noch selten an den Vorstandssitzungen der Sozialistischen Internationale teil. Bei seinem letzten Auftritt, auf dem Stockholmer Kongreß im Juni 1989 – wo er, gezeichnet von seinem Leiden, seine letzte große öffentliche Rede hielt –, waren Peres und seine Delegation in weiser Voraussicht in ihrem Hotel geblieben.

Aber im Gegensatz zu der verbreiteten Ansicht waren es nicht die unzähligen Friedensmissionen Kreiskys im Mittleren Osten und ebensowenig seine freundschaftlichen Gespräche mit Arafat oder Sartaoui, die eine haßerfüllte Verleumdungskampagne gegen ihn auslösten. Hier kommt noch etwas anderes ins Spiel: jahrelang kamen in wachsender Zahl sowjetische Juden aus der UdSSR direkt mit dem Zug aus Moskau nach Wien. Kreisky widerstand starken Pressionen und ließ sie in ein Auffanglager bringen, das ausschließlich unter österreichischer Kontrolle stand: jeder der Emigranten konnte angeben, in welches Land er weiterreisen wollte. Die Mehrheit entschied sich für die Vereinigten Staaten, Kanada und Australien ... eine Minderheit für Israel.

Kreisky respektierte die freie Wahl jedes einzelnen.

Gorbatschow kennt da keine Hemmungen: jeden Monat läßt er Zehntausende jüdischer Emigranten per Flugzeug direkt nach Tel Aviv verfrachten.

Für André Malraux ist das Schönste, wovon ein Mensch träumen kann, daß er mit seinen Taten »eine Spur auf dieser Erde« hinterläßt. Mit seinen Kämpfen, seinen Überzeugungen, seinen Taten hat Bruno Kreisky eine Furche gezogen, aus der weiterhin Leben sprießen wird.

André Chavanne

Seine Familie möge mir verzeihen: als am Mittwoch, dem 26. September 1990, am frühen Abend in der zweiten Etage des Bundeshauses nach einer langen Sitzung der sozial-demokratischen Parlamentarier einige Journalisten auf mich zukamen und mir mitteilten, daß André Chavanne gestorben sei, empfand ich weder Schmerz noch Traurig-keit ... sondern mich überflutete eine Woge der Zu-neigung, der Dankbarkeit. Der wunderbare Chavanne! Er war zu groß, zu intelligent, zu großmütig, zu reich an Gaben, als daß er sich in das Korsett einer einzigen sozia-len Rolle hätte zwängen lassen.

Staatsrat, Erziehungsminister? Gewiß, er füllte diese Ämter besser, energischer, effektiver aus als wahrschein-lich alle seine Vorgänger zusammen: zu welch einem Fest wurde alljährlich an unserer Genfer Universität der einst so langweilige und überflüssige *Dies academicus*, Zur-schaustellung professoraler Eitelkeiten, wenn mit seiner warmen Stimme, die Augen funkelnd vor Intelligenz, Chavanne das Wort ergriff!

Unter welchen sozialen Voraussetzungen, in welcher Situation wird eine Idee zu einer konkreten Kraft? Ein theoretisches Wissen zur gelebten Praxis? Chavanne hat zwei Jahrzehnte lang intensiv diese Frage konkret zu beantworten versucht. Chavanne stammte aus ärmsten Verhältnissen: seine Familie, einst Weinbauern in der Genfer Landschaft, wurde wie so viele andere Anfang des Jahrhunderts durch die Weinstock-Krankheit Philoxera

ruiniert. Sein Vater verdiente sein kärgliches Geld als
Kutscher reicher Leute in Paris, seine Mutter als Zimmer-
mädchen eines Aristokraten. André, der überaus Begab-
te, studierte dank Stipendien Mathematik, sein Bruder
wurde Priester. Bei Ausbruch des Zweiten Weltkrieges
kam die Familie zurück nach Genf. Vom Kindergarten bis
hin zum kernphysikalischen Labor waren ihm alle die
vielfältigen und vielgestaltigen Institutionen des Erzie-
hungswesens, der Lehre und Forschung unserer kleinen
Republik vertraut.

Chavanne, ein Intellektueller mit hochfliegenden
Ideen, ein einmaliger und unglaublich beweglicher Geist,
liebte es zu diskutieren: bei der Kernenergie sind wir uns
ganz fürchterlich in die Haare geraten. Er warf mir vor,
nichts von den Wundern des Atoms zu verstehen. »Du
bist und bleibst ein Dummkopf ...«, sagte er zu mir. Sehr
liebevoll, aber mit Nachdruck. Ich meinerseits schickte
ihm regelmäßig meine Studien über die Yawalorixa, die
Candomblés, Gemeinschaften der afrikanischen Diaspora in Brasilien. Er las sie, versah sie mit äußerst beschei-
den-zurückhaltenden Anmerkungen, er, der unbestechliche Physiker, der mit der Soziologie nicht viel anzufangen
wußte.

Jean-Paul Sartre: »Um seinen Nächsten zu lieben, muß
man zuerst einmal mit aller Kraft das verabscheuen, was
ihn unterdrückt.« Außerstande zu hassen, besaß Chavanne die Gabe des Zorns. Ich habe erlebt, wie er im Parlament in Bern die Waffenhändler, die unermeßliche
Scheinheiligkeit der Militärbürokratie angriff: der Saal
hallte wider von seiner sonoren Stimme; auf allen Bänken
hörten ihm, bewegt oder starr vor Entrüstung, unsere
Kollegen zu; schweigend, wie es hier selten vorkommt.

Die Demokratisierung des Studiums in Genf? Die
Lehrlingswerkstätten? Auch sie großartige Früchte des
Chavanneschen Zorns ... Er konnte sie einfach nicht er-
tragen – die Ungleichheit, den Ausschluß der Armen, die
Demütigung der Furchtsamen und die Arroganz jener,

denen anscheinend aufgrund der brutalen Macht des Geldes in unserer Republik seit undenklichen Zeiten die Schulen, die Universitäten verpflichtet sind.

Von Chavanne zu sagen, daß er in Dingen der Wissenschaft, der Literatur, des Theaters, der Filmkunst umfassend gebildet war, wäre ein Pleonasmus. Diese Bildung war der Nährboden seines tagtäglichen politischen Kampfes. Sein Horizont umspannte immer den gesamten Erdball. Er, ein eingefleischter Antirassist, wußte auch vom anderen. Wieder nach Bolivien reisen! Wie oft hat er, spätabends, wenn die Träume auf ihn einstürmten, davon geschwärmt, erneut auf Reisen zu gehen ... wie Rimbaud. Die Reise zum ganz anderen: in eine endlich versöhnte Welt, in der sich die wechselseitigen Ergänzungen und gegenseitigen Beziehungen zu einer endlich vereinten, von allem Elend befreiten Menschheit verweben, zu einem geheimnisvollen, ungeahnten Netz.

Wie viele junge Sozialisten im weitesten Sinne – nicht Mitstreiter in der engen Bedeutung des Wortes – verdanken Chavanne die Weichenstellung für ihr Leben? Anstatt für eine klug geplante Karriere in irgendeiner Finanzgesellschaft vor Ort haben sie sich – eine Zeitlang, einige auch für immer – für den persönlichen Einsatz auf tausend unterschiedliche Weisen, im harten, geduldigen, unauffälligen Kampf für soziale Gerechtigkeit unter den Menschen, den Völkern entschieden.

Am Tag seines Todes, gegen sechs Uhr abends, färbte sich der Himmel rot, wie von einem Brand. Mittendrin, über dem Genfer See, ein langer blauer Streifen. Das letzte Mal hatte ich Chavanne im Altersheim »Pervenges« im Städtchen Carouge gesehen, wo er im Kreise nicht mehr ganz junger Damen frühstückte ... Das war eine Woche vor seinem Tod. Und es war immer noch der große Chavanne, mit seiner selbstsicheren Gestik, seinen beeindruckend breiten Schultern (obwohl er magerer geworden war). Aber sein Geist schwebte seltsamerweise irgendwo anders, kehrte wieder zurück, trieb von neuem davon. Ich war weder schockiert noch irgendwie beunruhigt. Denn der Geist Chavannes, der nun friedvoll seinen Körper verlassen hat, gehört dieser Welt, der Menschheit, der Geschichte, uns allen.

Anmerkungen

1 Baron de la Brède de Montesquieu, *L'Esprit des lois*. Paris, Garnier-Flammarion, 1979. Bd. I, S. 123 (*Vom Geist der Gesetze*. Deutsch von Kurt Weigand. Stuttgart, Reclam Verlag, 1965. S. 95).

2 Bei der Bilharziose (Schistosomiasis) handelt es sich um eine Wurmkrankheit, die sich im Darm- und/oder Urogenitalbereich auswirkt und zu Blutungen führt. Weltweit leiden mehr als 200 Millionen Menschen an dieser Krankheit.

3 Kwashiorkor-Syndrom (Bantu-Wort: »roter Junge«): schwere Ernährungsstörung (Proteinmangel) bei Kleinkindern; Ödembildung, die zu Aufgedunsenheit und Störungen der Haut- und Haarpigmentierung führt; hohe Sterblichkeit.

4 Benedictus (Baruch) de Spinoza, *Ethik*. Deutsch von Jakob Stern. Hrsg. von Helmut Seidel. Leipzig, Reclam Verlag, 1987. S. 110.

5 Richard Labévière und Christophe Devouassoux, *Éloge du dogmatisme*. Édition de l'Aire, Lausanne und Paris, 1989.

6 Raymond Aron, *L'opium des intellectuels*. Paris, Calman-Lévy, 1955 (*Opium für Intellektuelle*. Deutsch von Peter Schulz. Köln/Berlin, Kiepenheuer & Witsch, 1957).

7 Guy Hocquenghem, *Ceux qui sont passés du col Mao au Rotary*. Paris, Albin Michel, 1987.

8 Jean-Yves Calvez, *La Pensée de Karl Marx*. Paris, Le Seuil, 1965 (*Karl Marx. Darstellung und Kritik seines Denkens*. Deutsche Ausgabe unter Verwendung einer Übersetzung von Theodor Sapper. Olten und Freiburg im Breisgau, Walter-Verlag, 1964).

9 ders., in: *Études*, November 1990.

10 MEW (Marx – Engels Werke, 39 Bände. Berlin, Dietz-Verlag, 1957–1968). Bd. III, S. 7.

11 Lucien Sève, *Communisme, quel second souffle?* Paris, Messidor, 1990.

12 Dominique-Antoine Grisoni, »La pensée aujourd'hui«, in: *Nouvel Observateur*, Oktober 1990.

13 MEW, s. Anm. 17. Bd. IV, S. 481.

14 Richard Rorty, *Quatre manières d'écrire l'histoire de la philosophie*. Paris, Le Seuil, 1989.

15 MEW, s. Anm. 17. Bd. III, S. 7.

16 Jean-Paul Sartre, *L'Être et le Néant*. Paris, Gallimard, 1943 (*Das Sein und das Nichts*. Deutsch von Justus Streller u.a. ³Hamburg, Rowohlt Verlag, 1966).

17 André Malraux, *La Condition Humaine*. Paris, Gallimard, 1946 (*So lebt der Mensch*. Deutsch von Ferdinand Hardekopf. Stuttgart, Deutsche Verlags-Anstalt, 1955. S. 63).

18 Pierre Mendès France, *La Verité guidait leur pas*. Paris, Gallimard, 1971.

19 *Grundsatzprogramm der Sozialdemokratischen Partei Deutschlands* (»Bad Godesberger Programm«). 1959. S. 26.

20 Ebd., S. 13 f.

21 Zitiert von Pierre Favier und Michel Maartin Roland, in: *La Décennie Mitterrand*. Paris, Le Seuil, 1970.

22 Michel Rocard, *Le Coeur à l'ouvrage*. Paris, Éditions Odile Jacob, 1987.

23 René Char, *Quand tombent les toits*.

24 In: M. Bataille, *Demain Jaurès*. Paris, Édition Pygmalion, 1977. S. 39.

25 Henri Lefèbvre und Norbert Guterman, *La Conscience mythifiée*. Paris, Le Sycomore, 1979.

26 Es gibt im Scherifischen Reich eine bei Hof zugelassene Opposition, die umschmeichelt und »konsultiert« wird; zu ihr gehören die UFSP, die Kommunisten und einige andere Gruppierungen. S. auch Gilles Perrault, *Notre ami le roi*. Paris, Gallimard, 1990.

27 Voltaire, *Essai sur les mœurs et l'esprit des nations*. Paris, Éditions Garnier, 1982.

28 Die drei Kriegsherren stammen alle aus den endlosen, felsigen Wüstengegenden des Nordens: Hissène Habré ist Goran aus der Volksgruppe (Ethnie) der Amakaze, während Idriss – auch er Goran – zur Gruppe der Zaghawa gehört. (Vgl. Omar Nasser, »Tschad«, in: *Le Nouvel Afrique-Asie*. Paris, Januar 1991. S. 16).

29 Sergio Ricca, *Migrations internationales en Afrique*. Paris, Édition L'Harmattan, 1990.

30 Im Jahre 1989 haben die zwölf Länder der EG und die sechs Länder der EFTA zusammen 42 Prozent aller Güter auf unserem Planeten produziert.

31 Zu den einzelnen Beispielen vgl. David Brooks, »How to stop worrying and love the EC«, in: *The Wallstreet Journal*, Ausgabe vom 14. und 15. Dezember 1990.

32 Diese Beschlüsse vom 14. Juni 1985 betreffen »Drogenhändler, Terroristen, Asylbewerber und Migranten«.

33 Zum Begriff des Rassismus und zu rassistischem Verhalten s. S. 114ff.

34 Die ersten großen Abtrennungen waren die Folge der Entstehung des nord- und des südatlantischen Ozeans. Sie verliefen nicht synchron. Afrika hat sich vor etwa 130 Millionen Jahren von Südamerika gelöst, zwischen Europa und Nordamerika schoben sich 20 Millionen Jahre später die Wassermassen des neuen Nordatlantiks.

35 Diese Entwicklung wird besonders deutlich, wenn man die aufeinanderfolgenden Nummern – vor allem seit 1985 – des *World development report* liest, der alljährlich im Auftrag der Weltbank bei der Oxford University Press erscheint.

36 Hier spricht Jean Ziegler.

37 Gilbert Blardonne, *Le Fonds monétaire international, l'ajustement et les coûts de l'homme*. Paris, Éditions de la Caisse d'épargne, 1990; Vorwort von Jacques Forster.

38 Ziemlich massiv ist der Rückgang (seit 1987), was die BRD betrifft; etwas schwächer ist er in der Schweiz.

39 Claude Lévi-Strauss, »Race et culture«, in: *Le regard éloigné*. Paris, Éditions Plon, 1983. S. 21 ff. (*Der Blick aus der Ferne*. Deutsch von Hans-Horst Henschen und Joseph Vogl. München, Wilhelm Fink Verlag, 1985. S. 14 f.). Im Vorwort zu *Le regard éloigné* (S. 13 ff.) analysiert der Autor selber die Verwirrung, die er 1971 mit seinem Vortrag gestiftet hatte. Vgl. auch: »Race et histoire«, in: *Anthropologie structurale*. Paris, Éditions Plon, 1958 (»Rasse und Geschichte«, in: *Strukturale Anthropologie*. Deutsch von Hans Naumann. Frankfurt am Main, Suhrkamp Verlag, 1967. Bd. II, S. 363 ff.).

40 Gilles Kepel, *La revanche de Dieu*. Paris, Le Seuil, 1991 (*Die Rache Gottes*. Deutsch von Thorsten Schmidt. München, Piper Verlag, 1991, S. 272).

41 Jean-Marie Lustiger, *Le Choix de Dieu*. Paris, Hachette.

42 Genf, Völkerbundpalast, März 1991.

43 Gespräch mit dem Autor.

44 Alain Cotta, *Le Capitalisme dans tous ses états*. Paris, Fayard, 1991.

45 Paul Ricœur, »Justice et marché«, in: *Esprit*, Januar 1991.

46 Georg Wilhelm Friedrich Hegel.

47 Gracchus Babeuf, Rede an das Volk von Paris nach dem Massaker auf dem Marsfeld, am 17. Juli 1791.

48 In: *Le Matin de Paris*, 3. September 1985.

49 Gilles Deleuze, *Pourparlers*. Paris, Éditions de Minuit, 1990.

50 Paul Nizan, *Aden Arabie*. Paris, Le Seuil, 1990. (*Aden*. Deutsch von Traugott König. Reinbek bei Hamburg, Rowohlt Verlag, 1969, S. 78)

51 Pablo Neruda. *Magnetische Kunst* aus: *Memorial V.* In: Dichtungen 1919–1965. Hrsg. und ins Deutsche übertragen von Erich Arendt. Darmstadt und Neuwied, Luchterhand Verlag, 1967/77. S. 863.

Leszek Kolakowski

Die Hauptströmungen des Marxismus

Entstehung. Entwicklung. Zerfall
Drei Bände. Zusammen 1692 Seiten. Leinen

Kolakowski: »Wir kennen alle den politischen Hintergrund des zeitgenössischen
Interesses am Marxismus. Es ist das Interesse für eine Lehre, die als ideologische Tradition
des zeitgenössischen Kommunimus angesehen wird. Sowohl die, die sich selber für
Marxisten halten, als auch deren Gegner erwägen für gewöhnlich die Frage, ist der
zeitgenössische Kommunismus, sowohl was die Ideologie als auch was die Institution
betrifft, das rechtmäßige Erbe Marxens? ... Die Frage, die sich ein Ideenhistoriker stellt,
sollte demnach nicht in der Konfrontation der ›Essenz‹ einer bestimmten Idee und ihrer
praktischen ›Existenz‹ in Form der sozialen Bewegungen entstehen. Wir sollten vielmehr
fragen, in welcher Weise und infolge welcher Umstände die ursprüngliche Idee fähig war,
über so zahlreiche und so unterschiedliche, sich gegenseitig bekämpfende Kräfte das
Patronat auszuüben.«

Erster Band:

Autorisierte Übersetzung aus dem polnischen Manuskript von Eberhard Kozlowski.
489 Seiten. Leinen
Band 1 setzt ein mit der Entstehung der Dialektik, behandelt den Linkshegelianismus, den
frühen Marx sowie die Hauptthemen und -schriften der beiden Begründer der marxistischen
Lehre, Marx und Engels.
(Auch in der Serie Piper 821 lieferbar)

Zweiter Band:

Autorisierte Übersetzung aus dem polnischen Manuskript von Friedrich Griese.
589 Seiten. Leinen
Band 2 ist der Entwicklung des Marxismus nach dem Tod seiner Begründer gewidmet: die
Zweite Internationale, Kautsky, Rosa Luxemburg, Bernstein, Jaurès, Sorel u. a. bis zur
Entstehung und Entwicklung des Leninismus.
(Auch in der Serie Piper 822 lieferbar)

Dritter Band:

Autorisierte Übersetzung aus dem polnischen Manuskript von Friedrich Griese.
614 Seiten. Leinen
Band 3 behandelt den Stalinismus und moderne Entwicklungen des Marxismus bis zu
Marcuse und Bloch.
Der Band 3 enthält Bibliographie und Personenregister für Band 1 bis 3

PIPER

Iring Fetscher

Der Marxismus
Seine Geschichte in Dokumenten
Philosophie · Ideologie · Ökonomie · Soziologie · Politik
960 Seiten. Serie Piper 296

Diese Neuausgabe zum 100. Todestag des Begründers des
Marxismus, Karl Marx, vereinigt die große Dokumentensammlung
Iring Fetschers in einem Band, ist mit ausführlichem Registerteil
versehen und damit auch ein unentbehrliches Studien- und
Nachschlagewerk. In seiner Auswahl repräsentativer, teils kaum
noch greifbarer Texte des Marxismus belegt Iring Fetscher die
vielschichtige und verzweigte Entwicklung dieser Lehre in ihrem
ganzen Ausmaß. Nicht nur die heute vorherrschende Linie über
Lenin und Stalin wird deutlich, auch alle anderen wichtigen Ansätze
sind berücksichtigt. Die Zeitspanne umfaßt die Anfänge im
18. Jahrhundert und reicht zu den bedeutendsten Theoretikern der
Gegenwart.

»Hier wird die Wirkung von Marx und Engels auf Umwelt und
Nachwelt, werden ihre mannigfaltigen Beziehungen zu Philosophie
und Theorie, wird der Marxismus als europäische Bewegung bis zu
Lenin und Lukács in markanten Textproben nachgewiesen.«
Süddeutsche Zeitung

»...ist die von Iring Fetscher edierte Textsammlung zur
allgemeinen Orientierung und zur konkreten Einführung in die
gesamte historische, philosophische, ökonomische und politische
Problematik des Marxismus von hohem Wert.«
Frankfurter Allgemeine Zeitung

PIPER